慈善论
——理论慈善学研究

李文臣 著

中国书籍出版社
China Book Press

图书在版编目(CIP)数据

慈善论：理论慈善学研究/李文臣著. -- 北京：
中国书籍出版社, 2019.12
ISBN 978-7-5068-7620-9

Ⅰ.①慈… Ⅱ.①李… Ⅲ.①慈善事业—理论研究
Ⅳ.①C913.7

中国版本图书馆CIP数据核字(2019)第281754号

慈善论：理论慈善学研究

李文臣　著

责任编辑	杨铠瑞　庞　元
责任印制	孙马飞　马　芝
封面设计	东方美迪
出版发行	中国书籍出版社
地　　址	北京市丰台区三路居路97号（邮编：100073）
电　　话	（010）52257143（总编）　（010）52257140（发行部）
电子邮箱	eo@chinabp.com.cn
经　　销	全国新华书店
印　　刷	北京永诚印刷有限公司
开　　本	787毫米×1092毫米　1/16
字　　数	255千字
印　　张	14.25
版　　次	2020年1月第1版　2020年1月第1次印刷
书　　号	ISBN 978-7-5068-7620-9
定　　价	68.00元

版权所有　翻印必究

我将此书献给人类共同而崇高的慈善事业！

此书弥补了自己对慈善事业的未尽理想；解除了紧扣心头那把遗憾之锁。

李文臣于堪培拉

发轫于信息　成就于慈善
——《慈善论》读后感

在微信上收到业师李文臣跨越半个地球，从澳洲发来的他的力作《慈善论》书稿，捧读之余，大有感慨。从改革开放初期引领信息咨询业发展的风云人物，到对慈善事业的作为和撰写首部理论慈善学专著，业师发轫于信息、成就于慈善的事业发展轨迹，将两个几乎不相干的领域链接在了一起，演绎了跨越世纪、跨越领域的精彩传奇。

早在32年前，我大学毕业后的第一份工作，就是到了由李文臣创办、黑龙江省社会科学院主管的信息咨询企业龙信公司从事业务开发工作。在5年多的工作实践中，得到了李文臣的高度信任和悉心栽培。所以，在我心里，他是我的业师——唯一的。

20世纪80年代初，改革大潮汹涌，经济建设欣欣向荣，百业俱兴。但信息闭塞，人们渴望信息咨询服务，业师创办的龙信公司应运而生。龙信创办于1985年，不久便走出了龙江，业务遍布全国，并在各省市创办了40多家分支机构，拥有数万家固定信息咨询服务户，成为全国规模最大的信息咨询企业。当时，《人民日报》、中央电视台、《经济日报》、《中国青年报》等中央媒体都先后给予了大篇幅的报道。尤其1990年12月，中央电视台《经济半小时》开播一周年晚会，由龙信公司独家赞助，业师应邀出席坐在贵宾席上，并接受主持人的采访，展现了龙信公司和他本人的风采。至此，龙信的事业如日中天。优异的业绩表现感动了"上帝"，

1992年国家新闻出版署批准，由龙信公司主办的内部发行的文字载体《信息市场报》，转正为国内外公开发行的正式报纸。为了有利于事业的发展，1996年龙信公司与《信息市场报》，转由国家有关单位主管、主办，报纸迁京并更名为《今日信息报》，变为了全国性中央级大众传媒。同时，有关上级单位还进行了企业重组，将龙信公司变为了《今日信息报》社的下属单位，其主要业务转由报社承担。业师的称谓也由李总经理改为了李社长。作为综合性信息资讯日报，《今日信息报》经历了十度春秋，服务了千万读者，在我国报业发展史上写下了浓重的篇章。

然而，由于《今日信息报》的变更，又让业师跨入了陌生的慈善事业中。2011年6月，经国家新闻出版管理部门批准，《今日信息报》变更为国家民政部主管，中华慈善总会主办，并更名为《慈善公益报》。变更后的报纸仍由业师担任领头人。实践证明，慈善事业的发展非常需要专业纸质媒体的参与。自20世纪90年代开始，中国的现代慈善事业出现了突飞猛进的大发展。据权威统计，早在2011年《慈善公益报》产生的前夜，我国仅各种慈善公益组织就达到了几十万家，社会慈善捐赠数量猛增至几百亿元，群众的慈善意识空前高涨。慈善事业的发展呼吁专业媒体。《慈善公益报》的诞生正好填补了国家慈善专业媒体的空白。2012年1月1日，我国首份中央级慈善类专业报正式创刊。业师亲自撰写了《为中国慈善事业发展提供助力和导航》一文，介绍《慈善公益报》创办的社会背景、宗旨与内容及使命，以及未来发展的构想等。该文刊发在了由我担任主编的《传媒》杂志2012年第3期，引起了业界的极大关注。业师的事业从此也由信息转入了慈善。李文臣为《慈善公益报》的创刊与发展付出了艰辛的汗水，也赢得了慈善业界对于该报的好评。也可以说，《慈善公益报》的成功创办，是李文臣对慈善事业的一个贡献。

2015年年底，由于年龄原因李文臣退休，离开了慈善宣传工作岗位，但业师始终坚持人离心不离。《慈善论》正是业师退休后三年多来不忘慈善使命，对我国慈善事业的关心、思考和研究的一大成果。据了解，为写好《慈善论》，业师阅读和研究了大量的国内外相关资料、文献，并结合自身实践中的感性认识进行了理论上的抽象、归纳与升华，于2019年7

月完成了专著的研究与写作。可以说,《慈善论》是一部系统性的学术著作,是目前中国慈善理论界少有的理论专著;是一份需要读者们细心品味的慈善理论大餐。我相信,这部著作对于中国乃至世界慈善理论的构建都具有重要的意义。也可以说,《慈善论》是李文臣对慈善事业的又一个贡献。

综上所述不难看出,从 2011 年开始至今,业师李文臣在近九年的慈善宣传工作与退休生活时间里,为中国的慈善事业发展作出了两个贡献:即创办了《慈善公益报》和著述了《慈善论》。

读了《慈善论》,我对业师退休后虽然远渡重洋,移居澳大利亚,身在异国他乡,且已人至老年,仍旧心系慈善事业,并克服了种种困难,专心研究并写出《慈善论》一书,深受感动。我也衷心祝愿业师的《慈善论》这一理论成果,能为我国慈善事业增添可喜的正能量,对慈善事业的实践发展起到积极的推动作用。同时还希望业师能在有生之年继续发挥余热,尽力再为我国的慈善理论建设作出更多贡献。

今年 4 月,业师《慈善论》初稿完成后,嘱我为他联系出版,此任务我愉快答应下来;未几,业师又嘱我写序,我坚辞,理由是:岂有弟子给老师写序之理?现写些读后的一些思绪,主要是回忆了业师的奋斗历程和阐述了他对慈善事业的作为。不敢作为书序,权当是读后感吧。

《传媒》杂志主编 杨驰原

2019 年 8 月 22 日于北京水墨林溪

绪 论 / 1
  一、慈善理论研究的必要性 / 1
  二、慈善学的学科范畴 / 2
  三、理论慈善学的研究对象和方法 / 3
  四、《慈善论》从构想到现实 / 5
  五、《慈善论》内容概述 / 6

第一章　慈善的概念及若干基础理论 / 9
第一节　慈善的定义与六个属性 / 9
  一、慈善的定义 / 9
  二、慈善的六个属性 / 11
第二节　慈善与公益的区别和联系 / 13
  一、慈善与公益的区别 / 13
  二、慈善与公益的联系 / 15
第三节　公益慈善与私益慈善 / 16
  一、公益慈善与私益慈善的概念 / 16
  二、私益慈善的历史地位与现实意义 / 17
第四节　简单慈善与复杂慈善 / 18
  一、简单慈善 / 19
  二、复杂慈善 / 19
  三、简单慈善与复杂慈善的若干关联 / 20
第五节　慈善行为与意识、物质基础与上层建筑 / 21
  一、慈善行为与慈善意识 / 21
  二、慈善物质基础与上层建筑 / 22

第二章 慈善捐赠三种物质形式与价值构成 / 24

第一节 慈善捐赠的三种物质形式 / 24
一、货币捐赠 / 24
二、物资捐赠 / 26
三、劳务捐赠 / 28

第二节 慈善捐赠价值构成 / 31
一、慈善捐赠价值与价值构成概念 / 31
二、慈善捐赠价值构成的实践意义 / 32
三、决定慈善捐赠价值构成变化的因素 / 34

第三章 决定慈善事业发展状况的六个因素 / 35

第一节 社会经济发展状况与慈善事业 / 35
第二节 社会慈善意识水平与慈善事业 / 37
第三节 慈善组织作为状况与慈善事业 / 39
第四节 公民社会保障程度与慈善事业 / 41
第五节 政府政策法规情况与慈善事业 / 43
第六节 国际慈善的作用与慈善事业 / 45

第四章 慈善行为成本与慈善行为效果 / 47

第一节 慈善行为成本 / 47
一、慈善行为成本的一般理论 / 47
二、慈善行为成本类别 / 48
三、慈善行为要讲究成本 / 50
四、决定慈善行为成本的因素 / 51

第二节 慈善行为效果 / 52
一、慈善行为效果的概念及意义 / 53
二、慈善行为的六种效果 / 54
三、提高慈善行为效果办法 / 57

第三节　慈善成本与慈善效果的关系 / 58
一、成本与效果是同一慈善行为的两个方面 / 58
二、慈善行为成本影响慈善救助效果 / 59
三、慈善经营成本决定慈善的经济效果 / 59

第五章　慈善事业组织与慈善事业工作者 / 61
第一节　慈善组织范畴、特质与生命力 / 61
一、慈善组织的范畴 / 61
二、慈善组织的特质 / 63
三、慈善组织的生命力 / 65
第二节　中国特色的二重性慈善会 / 66
第三节　慈善关联组织的构成及若干问题 / 68
第四节　慈善事业工作者的本质及若干问题 / 70
一、慈善事业工作者及职业本质 / 70
二、慈善工作者职业类别与结构 / 72
三、慈善工作者的存在与发展规律 / 74

第六章　传统慈善与现代慈善 / 75
第一节　两种慈善概念及特质 / 75
一、传统慈善的概念与特质 / 75
二、现代慈善的概念与特质 / 77
第二节　传统慈善起源与实践概述 / 79
一、传统慈善的起源与形成 / 79
二、传统慈善事业的实践发展 / 80
三、宗教慈善是早期传统慈善的行为主体 / 81
第三节　现代慈善事业的产生与发展 / 82
一、现代慈善事业的萌芽与雏形 / 82
二、现代慈善事业的发展与体系表现 / 85
三、现代慈善创新与传统慈善方式的存在 / 87

第七章 慈善文化与慈善宣传 / 89

第一节 慈善文化概念与起源和形成 / 89
一、慈善文化的概念 / 89
二、慈善文化的起源与形成 / 90

第二节 慈善文化的两种形态 / 91
一、传统慈善文化形态构成与特质 / 91
二、现代慈善文化形态构成的思想理论结构 / 94

第三节 现代慈善文化发展状况与展望 / 96
一、现代慈善文化的复兴 / 96
二、当前慈善文化体系状况 / 96
三、现代慈善文化发展展望 / 97

第四节 慈善宣传功效与准则 / 99
一、慈善宣传概念内涵与功效 / 99
二、慈善宣传准则 / 100

第八章 世界慈善与慈善国际化 / 102

第一节 世界慈善发展的共性与规律 / 102
一、世界慈善发展的共性 / 102
二、造就世界慈善本质相同性的因素 / 104
三、世界慈善发展的梯次与规律 / 104

第二节 世界现代慈善的先进模式 / 106

第三节 慈善事业国际化的实践与发展 / 108
一、慈善事业国际化的必然性 / 108
二、现代慈善事业国际化实践 / 109
三、未来慈善国际化发展四大趋势 / 110

第九章 慈善资本积累、慈善信托、慈善商业 / 112

第一节 慈善资本积累及其若干问题 / 112
一、慈善资本积累的概念与必要性 / 112

二、慈善资本积累的两种形式 / 114
　　三、慈善资本增殖积累风险规避 / 115
第二节　慈善信托及若干问题 / 116
　　一、慈善信托的概念及相关问题 / 116
　　二、慈善信托对于慈善事业的社会意义 / 117
　　三、慈善信托与慈善委托 / 118
　　四、慈善信托的实践与未来发展趋势 / 118
第三节　慈善商业特质与相关问题 / 119
　　一、慈善商业与商业慈善 / 120
　　二、慈善商业的资本循环 / 121
　　三、慈善商业性社会企业 / 122

第十章　现代慈善事业中的考评 / 124
第一节　现代慈善事业考评的地位与作用 / 124
　　一、考评与慈善考评的概念 / 124
　　二、慈善考评的必要性与当前相关社会表现 / 125
第二节　慈善考核的分类原则与指标 / 126
　　一、慈善考核对象分类方法 / 126
　　二、慈善考核指标确立原则 / 127
　　三、慈善宏观考核的九个指标及其意义 / 128
　　四、慈善微观考核的八个指标及其意义 / 130
第三节　慈善评比的规律与效果和问题 / 132
　　一、一般性评比规律与特殊性评比问题 / 133
　　二、慈善评比中的科学选项 / 133
　　三、慈善评比中需要克服的问题 / 135

第十一章　不当慈善、伪慈善、错误慈善理论 / 136
第一节　三种类型的不当慈善 / 136
　　一、曲解、扭曲慈善 / 136

二、过度消费慈善 / 137

三、运动式慈善 / 138

第二节　三种类型的伪慈善 / 139

一、纯粹冒充的伪慈善 / 139

二、戴着帽子的伪慈善 / 140

三、放饵钓鱼的伪慈善 / 141

第三节　不当慈善与伪慈善的根源与消除 / 142

一、不当慈善与伪慈善的根源 / 142

二、不当慈善与伪慈善的消除 / 143

第四节　对若干慈善理论的质疑与批评 / 145

一、慈善回报论 / 145

二、慈善与公益等同论 / 147

三、企业社会责任与慈善等同论 / 148

第十二章　慈善形态的发展变化与消亡和回归 / 150

第一节　慈善形态的概念与范畴 / 150

第二节　自为慈善形态推演 / 151

第三节　未来慈善形态预测 / 153

第四节　慈善形态发展的四个阶段 / 155

第五节　慈善形态的演化与叠加 / 156

一、慈善形态的演化 / 157

二、慈善形态的叠加 / 158

第六节　未来慈善形态的消亡与回归 / 160

一、未来慈善形态消亡的必然性 / 160

二、未来慈善形态回归到新型自为慈善 / 162

附 论

第一编　慈善理论专题论述 / 166

    第一篇　仁者理念与慈善上层建筑创新 / 166

        一、关于"仁者理念"的概念问题 / 166

        二、关于慈善上层建筑的创新问题 / 167

    第二篇　慈善的本质是付出 / 169

    第三篇　把义工劳务捐赠表现货币化 / 170

    第四篇　实物捐赠要讲究使用价值 / 172

第二编　慈善时事评论（一）/ 174

    第一篇　慈善需要法规，更需要理论 / 174

    第二篇　公益慈善事业发展的里程碑 / 176

    第三篇　慈善事业要向理性世界挺进 / 177

    第四篇　以红旗渠精神促市县慈善事业发展 / 179

    第五篇　要在全国推广绍兴慈善模式 / 181

第三编　慈善时事评论（二）/ 183

    第一篇　要用平常心态对待慈善中的问题 / 183

    第二篇　一分钱捐赠是恶行 / 184

    第三篇　不当的慈善行为要禁止 / 186

    第四篇　坚决整治假慈善 / 187

第四编　公益时事评论 / 189

    第一篇　信息扶贫好 / 189

    第二篇　环境保护要从娃娃抓起 / 190

    第三篇　我们的孩子缺少什么营养 / 192

    第四篇　要依法保护雇工的合法权益 / 193

    第五篇　富人喝人奶之举当止 / 195

附录 1. 慈善工作情结散文 / 197

　　终身名誉会长 / 197

　　不能都是钱 / 199

　　老叶之邀 / 201

附录 2. 公益人物通讯 / 204

　　永远敲不开的房门

　　——记首届中国十大民间环保杰出人物贾晓淳 / 204

附录 3. 自传体散文 / 208

　　我从自强走来 / 208

后记 / 211

绪 论

一、慈善理论研究的必要性

理论和实践都证明，当前加强慈善理论研究十分必要。哲学原理告诉我们，理论来源于实践又反作用于实践。没有理论指导的实践是盲目的实践，必然会导致实践行为效果不理想或失败，走弯路、误歧途在所难免。一切社会实践活动都需要理论作为指导，这是一个不可怀疑的颠扑不破的真理。加强理论研究，用科学正确的理论指导社会实践活动，是任何人类社会实践活动的必然选择。不管是对自然物质世界的改造，还是人类社会的革命运动或和平建设，都需要理论。慈善事业的发展也是一样的，这也是被长期的慈善实践活动证明的定论。

慈善事业的发展呼唤慈善理论。现代慈善事业已经发展成为一种新的社会分工，一种不可缺少的社会必要行业部门。而且，慈善事业还是一个必然会继续发展，并且长期存在的社会行业或部门。慈善事业尤其现代慈善事业的实践活动，已经不是一个简单的张老三把有价物质捐给了李老四的事情，也不是一个单纯的捐赠与受捐的行为问题。而是一个复杂的涉及社会经济状况、政策法规、人文伦理、国际关系等诸多方面的社会实践过程，存在着许多科学和对其规律的认识与掌握问题。我们完全可以肯定地说，当前的慈善事业非常需要理论上的表现、发展和创新。既急需应用理论，更急需基本理论、学术理论。毫无疑问，没有科学的正确的慈善专业理论作为指导，是很难保证慈善事业快速而健康发展的。现在，慈善事业的日益发展产生了对理论的强烈需求。

实践证明,当前的慈善理论远远落后于实践。研究发现,由于种种原因,中国的慈善理论严重缺乏,很不适应慈善事业快速发展的需要。现代慈善事业的突然到来,对中国来讲还是一个新兴的事物。所以,人们对于现代公益慈善的认识,大多仍停留在传统慈善思想理论或民间约定俗成的思想意识水平上;停留在从发达国家学来的一些零碎的理论观点和概念上。有些人还用朴素的理论观念把慈善与"好人好事"和宗教活动等同起来。慈善理论落后还表现在应用上的混乱,就连最基本的"慈善"与"公益"概念及其内涵也比较混淆。不但实际工作者认识模糊,就连有些专业理论工作者也是如此。有人在同一篇文章论述同一个对象时,也往往是一会儿称之慈善,一会儿称之公益。还有的认为传统的慈善叫慈善,现代的慈善叫公益。

总之,慈善理论与实践不适应的集中表现是,当前还没有产生或形成比较系统的完整而科学的慈善思想理论体系,还缺少一个理论与实践相结合的理论慈善学。因此,当前迫切需要加强慈善理论尤其是慈善的基础理论研究,以适应和促进慈善事业的发展。

二、慈善学的学科范畴

任何学术研究和应用都有一个学科范畴问题。我们把各种慈善理论的集成或其应用体系的总和称为慈善学。慈善学是一个崭新的概念或学科,所以,我们有必要对它的范畴问题进行阐述。

慈善学在学科分类上应当属于三级科目。首先,慈善学属于一级科目分类中的社会科学范畴。社会科学与自然科学的分类应为一级学科分类。随着人类社会的不断发展,社会科学也在不断地产生和分为若干分支学科,如哲学、历史、经济、文学、社会等。从社会科学内部的再分类来讲,慈善学又应该属于社会科学中的分支——社会学。这样,慈善学又应当属于二级学科分类的社会学范畴。随着社会文化的发展,社会生活日益复杂多样,社会学也必然要产生和分化出若干分支,例如,民俗礼仪,家庭婚姻、养老慈孝、社区建设等。所以,慈善的若干学问又必将在社会学里孕育而生,成为社会学的分支——慈善学。至此，慈善学就成为学术范畴中的第三阶次科目，这也是慈善学的终级科目。我们力求努力研究和丰富慈善学理论，使慈善学成为一个新的成熟的学术科目。

然而，一般学科里面都要分为理论和应用两个部分。慈善学也应该有理论慈善学与应用慈善学之分。当前，在慈善学中应用部分已经比较丰富充实，如对法律法规的解读，公益慈善行为操作指引，以及对国外有关学者著作的译著等。而学术性的基本理论方面的成果较少，多为零散的论述，还没有形成体系。《慈善论》——理论慈善学研究，试图以研究和阐述慈善的基本理论，揭示慈善事业发展变化规律为宗旨，从而为理论慈善学的创立奠定框架和基础。

然而，一般来说，学科范畴等级越多，其内容范围就越狭，专业性也就越强，研究的领域也就越细。所以还应指出，由于慈善学的对象比较狭窄，在《慈善论》中也有些属于应用性质的研究；也夹杂着一些知识性和现实存在的阐述。这是由于慈善学的学科层次导致的。所以，《慈善论》具有理论价值，但同时也具有一定的应用价值。本论也力图使其成为一本理论性的专著，为慈善事业发展服务。

由于本人的水平有限，加之研究力度不足，《慈善论》可能与读者的愿望相违，仅能起到抛砖引玉的作用。即使这样也要抛出去，仅此，也是非常愉快的。

三、理论慈善学的研究对象和方法

理论慈善学是慈善学的一部分，主要是研究和阐述慈善的本质与基本理论及其规律的学说。任何理论都有一个研究对象和方法问题。掌握好对象和方法是理论慈善学研究的首要问题。只有对象和方法正确，其研究成果才能具有客观性、科学性和应用性。

理论慈善学的研究对象是整个社会慈善事业。这个慈善事业一般是针对世界的，部分专指中国的。慈善事业是慈善物质基础与慈善上层建筑的总和。也有人认为慈善事业是社会慈善活动过程的总和。理论慈善学对于慈善事业的研究，一方面要针对其产生、发展、消亡全过程进行考察和探究；

另一方面也要考究其运行过程中与之相关的方方面面。也就是说，既要研究慈善事业的主体核心部分，也要研究与之相关的各种事物。任何事物都不是孤立存在的。慈善是人类社会共有的、普通存在的社会事物，只有把理论慈善学的研究对象放到世界范围内，才是正确的选择。理论慈善学的基本理论具有世界性，适用于全人类。但是，由于各国政治、经济等制度的差异，有些地方或个别的研究对象只是针对或专指中国的。中国的社会慈善实践活动是本论研究的主要材料来源。

科学研究讲究方法，理论慈善学研究也必须采取正确的研究方法。自然科学的研究一般是在实验室和显微镜下完成，只有具备一定的科学实验条件才能进行。理论慈善学的研究方法，也同一些社会科学尤其政治经济学的研究方法一样，采取对事物的抽象法。用抽象法来研究和确立各种慈善理论及其关系。理论也是对事物本质的抽象。抽象就是要从复杂的事物中找出同一性或共性的东西。哲学理论认为，一般里面还存在着特殊。采取抽象法对事物做出的某种概念，只能是一般性，一定会丢掉特殊性。就像我们现在普遍认为，人类已经进入了现代文明时代，但事实上这个世界还有原始部落的存在，我们只能把原始部落的存在舍弃，不作为评定社会发展阶段的标准。同样，当我们说慈善进入了现代慈善事业阶段，但实际上社会慈善事业中仍然有大量的自为慈善和传统慈善的存在，我们不能因为有过去式的存在，就说慈善没有进入现代阶段。抽象法一般依靠资料和文献在人的头脑中进行，也可以根据既有的概念采取理论推演的办法进行。比如，本论对自为慈善阶段的定论，就是采用推演的办法得出的。

哲学、经济学、伦理学、心理学、逻辑学、统计学、广义社会学等，都是理论慈善学研究的理论基础。理论慈善学必须运用诸多社会科学方面的知识和理论，并结合其实践的表现来确立自己的理论体系与表现形式。

科学地确定概念的内涵是一切科学研究的首要问题。概念内涵混乱不清，研究结果一定错误，甚至陷入混乱、僵局。在理论慈善学的研究里，慈善、公益、商业三大概念是最基本的概念，弄清这三大概念及其关系是理论慈善学研究的关键任务。还有其他许多概念也都必须明确其科学的内涵，例如，慈善行为、公益慈善、私益慈善、慈善公益等。本论对诸多概念的内涵及其关系都做出了严格的界定。

作为理论慈善学性质的《慈善论》其研究和表述，是采用了由抽象到具体，再由具体到抽象的逻辑程序进行的。这也应该是有些社会科学理论研究所要采用的逻辑程序。本论从第一章慈善的定义和若干基础理论开始，到具体研究和阐述慈善的方方面面，最后再到高度抽象的慈善形态的论述而终结。这就是从一般到具体，再从具体到一般。

四、《慈善论》从构想到现实

我对撰写《慈善论》的最初构想，产生于《慈善公益报》社的工作实践。以前我对慈善及慈善事业很陌生，完全是一个门外汉。2011年6月由于某种原因，经国家新闻出版总署批准，《今日信息报》改由中华慈善总会主办、民政部主管，并更名为《慈善公益报》，我继任社长兼总编辑，直到2015年10月离任。《慈善公益报》让我与慈善事业结下了深厚的缘分。

四年多的慈善宣传工作实践，使我对慈善事业有了较深的认识并对其产生了浓厚的感情，也与工作在慈善第一线的一些慈善组织的工作者们结下了深厚的友谊。我深深地感到慈善事业崇高且需要发展，也非常需要基础理论作为指导，于是便产生了撰写一部慈善理论方面专著的念头。由于在职工作期间，新报创刊初始，又是跨界从业，需要开拓适应，而且自负盈亏，经营担子重，没有大块时间坐下来搞研究。当时自己曾下定决心，一旦有了条件必须完成这一构想。所以，2015年年底我离任后仍感到《慈善论》没完成，慈善工作生涯就没有结束。

然而，自2016年起虽然开始了退休生活，但还有许多内外部的事情和问题缠身，无法静下心来研究慈善理论问题，只是进行了些许的构思和有关内容板块的设计工作，直到2018年10月我才坐下来，开始了《慈善论》的研究和写作。

《慈善论》能够最终完成，使其由构想变为现实，主要是有以下几个客观原因：第一，是在《慈善公益报》社的工作期间，慈善工作的实践经验与思想理论的积淀，为我提供了大量的基础材料和相关思路与感性认识。那时已在我的头脑中形成了一些基本观点。第二，是我的大学专业与社科院的科研工作实践，为我提供了理论基础和研究方法。我的大学政治经济学专业知识和黑龙江省社会科学院五年的经济理论研究经历，使我具有了一定的理论研究能力和写作能力。第三，退休赋闲、旅居澳洲，有了研究和写作的时间。刚退休时还想再做成一件实事后再写书，但由于家庭南移且跨越了赤道，只能随着家人暂时旅居澳洲。全新的社会环境，语言不通，写书也就成为我唯一能做的事情了。第四，在家人的帮助下，我学会了电脑手写输入，为自己提供了写作技能和工作效率与兴趣。"劳动工具是生产力的肌肉和骨骼"。自己能用电脑写作，也解决了重要的"生产手段"问题。总之，以上这些种种因素让我的愿望实现了。

如果说，慈善宣传是我职业生涯的最后一站，那么《慈善论》则是我慈善文化事业的句号。

五、《慈善论》内容概述

《慈善论》主论12章46节，是一个相互关联的有机整体。《慈善论》从慈善的基本概念和基础理论研究与阐述开始，直到慈善形态的论证为止，从理论上研究和阐明了慈善的概念及本质、慈善的起源与发展变化规律，以及慈善事业实践运行中的若干理论问题。

《慈善论》是一部企图创立理论慈善学基础或框架的专著。该论首先明确了慈善学范畴上的"慈善"定义，并创立了慈善与公益，公益慈善与私益慈善，简单慈善与复杂慈善，公益的三大构成，以及慈善商业与商业慈善等基本理论学说。确立了慈善捐赠的三种物质形式说及其价值构成和决定慈善事业发展变化的六个因素等理论；慈善论创造性地提出了自为慈善、传统慈善、现代慈善与未来慈善四种慈善形态的发展、消亡与回归的理论。慈善论还对慈善成本与效果，慈善文化与宣传，慈善组织与工作者，现代慈善与传统慈善，世界慈善国际化，慈善考评，慈善资本积累等方面进行了理论化论述，并揭示了慈善在这些方面的诸多规律问题。《慈善论》还对不当慈善、伪慈善进了揭露和批判，对若干错误慈善理论观点提出了质疑和纠正。

还有一点，在本论里面有的内容，在不同的章节里都要涉及。虽然写作时尽量避让，努力做到不重复，少重复。但是，由于问题和研究问题效果上的需要，不得不在不同的地方，以不同的角度或多或少地予以表现。这种交叉现象也是在所难免。

由于《慈善论》是一部理论联系实际的系统的关于慈善方面的理论与实践作为问题的专著，是对慈善和慈善事业客观存在的理论表现。所以，《慈善论》对于慈善事业的理论研究、文化宣传、教育培训、实际工作等各个方面的工作均有一定的参考价值。

《慈善论》附论四编共18篇短文，每篇一个主题。这些文章，主要是我担任《今日信息报》与《慈善公益报》社主要负责人时，撰写的有关慈善和公益方面的专题论述和评论的一部分。这些作品均以各种笔名和本报评论员等名义，先后在《今日信息报》与《慈善公益报》上发表过。附论的内容，也是对《慈善论》的补充和支持。

《慈善论》附录还有5篇短文。前3篇是我撰写的退休后与相关慈善会产生的情结问题散文，它反映了我对慈善事业的眷恋和与有关同志的深厚友谊。后一篇是我早年在《今日信息报》时撰写的公益人物通讯。把该文作为附录是为了体现我对公益人物的敬仰和再次展示一位女性的崇高而浪漫的品质。最后一篇是我的自传体散文，也曾在《今日信息报》上刊发过。该文以自己出生地村名和个人的经历，反映了"自强"的概念对于人生的价值及重大社会意义。

行为中，二者的生存和发展条件上不相等，前者必然强于后者，后者为弱势。社会实践中两个慈善主体的角色和地位关系不是永恒的，当各自的客观条件发生了变化，角色关系也随之改变。

本论再来深入分析慈善的定义问题。这里也可以简略地说，慈善是没有回报的自愿捐赠。可见，慈善定义的关键词是：没有回报、自愿、捐赠。没有回报是慈善性给付的第一要件。任何给付存在着物质回报的行为都不是慈善行为；任何不自愿的、被强迫给付行为也不是慈善行为，自愿是慈善行为的第二要件；捐赠是慈善的第三要件，也是慈善行为的终点。然而，捐赠不但是慈善的最终要件，而且还是根本要件，没有捐赠的行为表现，就没有慈善而言。

慈善行为从主观动机产生到实体给付是一个过程。没有实现物质给付的捐赠，之前的一切过程归零。我们知道，慈善过程的终点是捐赠，捐赠是最关键的慈善行为。但是，不是一切捐赠行为都是慈善行为。因此，确定捐赠行为的性质也是极其必要的、重要的。尽管前面的论述中，已经说明了慈善的三个要件，但在这里还是有必要再强调指出慈善捐赠的定性标准问题。捐赠行为，能确定为慈善行为的应有以下三个标准：

A. 受捐人与捐赠人相比是相对弱势主体。慈善捐赠，总是强势捐给相对弱势，而不能相反。这里所说的相对，是指在特定的空间和时间内的有限时空。实际上在社会主体中，强势和弱势的关系也总是互相转换的。对于某些公益慈善性捐赠的相对弱势，还应理解为，除了自然人或群体人之外的该事物与他事物的比较相对薄弱，迫切需要帮助或提升。如教育、环境保护等与其他社会事物比较需要援助或改变。

B. 捐赠者的行为是慈爱或利他主义的自愿举动。客观上能对受助者的某种需要得到一定的满足，或对社会公共利益产生益处。

C. 捐赠行为没有任何直接或间接的物质回报。慈善没有回报，也不应该有回报，这是慈善学中最重要的根本理论观点。任何存在物质回报的行为都不是慈善行为。不图回报是慈善的本质，而付出则是慈善本质的本质，是本质的核心。

实践中有很多捐赠行为不是慈善行为。例如，宗教信徒为了教会自身生存与活动进行的捐献；政党成员对自己组织的捐献以及其他各种政治献金；邻里之间的礼尚往来，亲朋好友间的钱物赠送等。还有，带着某种目的和利益企图的捐赠，打着慈善旗号实为商业促销活动的行为，以及有偿的慈善服务与宣传等都不是慈善行为。

另外指出，国家各级政府给付慈善组织的资金属于划拨或购买服务，不能称为慈善捐赠；国家或各级政府用于救灾扶贫等行为举动也不属于慈善行为范畴。

二、慈善的六个属性

慈善的特质或本质还表现在它的六个属性上。慈善的六个属性也是慈善本质的六个方面。主要是：

（一）慈善爱心奉献行为的本质一样

慈善不能因为捐赠价值量的大小而影响其社会属性或其行为本质。大捐者是慈善，小捐者也是慈善。就像货币一样，一分钱是钱，一百元也是钱。慈善也不能因为付出的物质形式不同而决定它的性质。货币、物资、劳务的付出，虽然物质形式不同，但其行为本质一样，都是慈善付出，是捐赠。任何物质形式的捐赠付出都是慈善。比如，心理咨询，精神抚慰等行为。

（二）慈善捐赠物质的自有支配权

在慈善捐赠行为中，捐赠主体的财物来源必须是其具有支配权的价值物。换句话说，捐赠者只能捐赠属于自己的财产或有价物质。国有资产的使用者不应将全民资产擅自用于慈善活动。国有企业的资产是全民所有，它的利润或税金应当交给政府或政府出资人，由政府根据国计民生需要进行再分配。企业拿着国有资产做慈善，违背了社会分配原则和梯次。

（三）慈善是人的善性释放与异化

一般认为，慈善是人道主义援助和爱心与善性的释放，这种观点是正确的，也可谓慈善的本质之一。人们善性释放是慈善事业初级阶段的实践动力，也是现代慈善思想的一部分。而善性异化是现代慈善事业人们实践的动力。研究发现，随着慈善事业的发展，人的善性开始异化，产生了"移情"，使现代慈善从人道主义救助，发展到了人文关怀及人类自身发展和社会公共利益的层面，使慈善救助的对象和内容不断延伸。现代慈善是人类古老慈善中善性与爱心的"移情",人类把对血亲与熟人的爱转移到了全人类,放大到全方位、多领域。慈善行为由人们朴素的怜悯同情关爱之举,转为了利他主义实践。

(四)慈善的本质没有阶级、信仰或政治的区分

人的基本属性决定了慈善的人类共性。慈善事业也是人类共有的普遍事业。人,天生都具有善和恶的二重属性。由于慈善及其行为是人类社会发展过程中人本性中善的能量释放和发展,所以,就慈善本质而言,全世界都是一样的,它不分国家、民族和信仰,也不存在不同阶级性质的慈善。当然,世界各国各民族需要根据各自的社会特质和经济发展情况,而采取不同的慈善发展方式或模式。世界各国的慈善模式均有差异。所以,这里所谓的相同,是指慈善的本质和发展规律,并不是说所有国家的具体形式和发展等级完全相同。但是,无论如何慈善都是人类社会绝对的正能量,都是应该无限制无条件地发展,都要大力提倡、支持和鼓励。

(五)慈善是社会保障事业的补充

慈善事业的主要社会意义,是对政府社会保障事业的支持和帮助,也叫补充。所以,现代慈善被誉为国民经济的三次分配。大家知道,一次分配是市场运行过程中的分配,社会经济成果按照相关约定,国家、企业、劳动者分别获得相应部分。二次分配是国家对社会的再分配,是政府将一次分配中的国家所得,如税金等收入再分拨到社会需要的各种领域,用于社会管理和公益事业的发展。三次分配是社会公民、法人,拿出属于自己必要的生产与生活资料中的剩余物质施于社会和他人,以平衡社会群体的财富关系,从而达到了对社会保障的补充。实践证明,慈善对扶贫济困解救弱者,调剂社会财富分配,缩小贫富差距,化解社会矛盾等十分必要。现代慈善已经发展成为一种重要的不可缺少的社会事业,是社会保障体系的重要组成部分。慈善事业也是社会公益事业的一部分。

(六)慈善是社会道德与家庭伦理的助推

慈善始于家是传统慈善的一个重要理论观点。慈善对于社会的作用,除了主要作为社会保障事业的补充,还有利于提升人们的社会道德与家庭伦理水平。理论和实践都证明，慈善的发展可以促进社会和家庭关系和谐，有利于改善邻里关系，同事关系，劳资关系；有利于人们的家庭和睦，夫妻友爱，孝老慈幼等。总之，慈善事业有利于促进整个社会人际关系的和谐与改善。

第二节 慈善与公益的区别和联系

慈善与公益的关系，是慈善理论中非常复杂且重大的问题。慈善与公益和公益与慈善，不管表达词序如何，都是一样的。由于本论论述的主题词是慈善，所以，这里就用慈善与公益的词序来表达，进而深入地探讨它们的理论关系。

一、慈善与公益的区别

慈善和公益是当前社会慈善事业行为表达中两个最常见的概念，理论上弄清它们的区别与联系十分重要。研究发现，慈善与公益是两个内涵完全不同的概念，实践中也不是同一事物。

大家知道，本论在前面已经对慈善下了这样的定义：慈善即是社会某主体对相对弱势主体没有回报的自愿捐赠；并且详细地阐述了慈善的内涵及其本质问题，已经告诉大家，什么是慈善，慈善是什么。所以，这里关于慈善的概念及本质等问题可省略不谈。

现在，我们重点来讨论一下公益概念的内涵。公益，顾名思义也就是社会公共利益。直白地讲，公益也就是对人人有份的好处。这是对一般公益概念的解释。

公益还有狭义和广义之分。本论把狭义公益定义为：公益是具有普惠性质的民生保障或福利。也可以这样解释，狭义公益即是社会生活中一定范围内群众的普遍受惠；还可以更简单地说，公益是人人受益的事业或行为。例如，社会最低保障、救济救助、救灾赈灾、扶贫解困、扶幼养老等事业或行为。广义公益即是社会的公共或公用事业。例如，文化艺术、交通、电力、环保、通信等。那么结合起来，我们还可以这样确切地说：公益即是具有普惠性质的民生保障和社会福利及公共事业。广义公益也是俗称的大公益。

狭义公益主体责任是政府。狭义公益（除慈善）往往是政府针对全民、全域或某一地区中某些群体的政策举措或相关行为。公益行为的支付主体主要是各级政府，接受方主体是广大受惠的社会群众，财富来源为国家税收或国家的全民财富，是政府对国民财富的再分配，即二次分配。政府对于社会的种种普惠性支付行为均为公益。总之无论如何，我们绝不能把政府的公益举动称为慈善行为。广义公益多为政府或政府主导下的企业经营行为，也可以称为商业公益行为。

现在，再进一步归纳和明确慈善与公益的区别。共有以下五点：

A.是救助或援助行为的物质支付主体不同。慈善行为的物质支付主体是民间，是民间的自然人或法人。而公益行为的物质支付主体是政府或社会商业投资。

B.受惠对象选择的原则与方式不同。慈善救助行为，可以根据捐赠人的意愿自主决定救扶对象。比如，在同一个群体中有十个患有同样疾病的贫困者，施救者可以选择全部救助，也可选择部分救助。而公益性救助行为，施救主体则要按照一定的原则和法规来选择对象，按照社会公共意志和公平合理的办法实施。比如，在一个市县范围内政府要对某种人群实施救助，那么在这个范围内的同等人群均应得到同等的益处。政府的公益性救助必须一视同仁，必须对于同一范围内的相同人群实行同样的办法。而对于广义的公益来说更是普惠的，比如，一个村子通了电，全体村民都有平等使用权，一条公路修通了，大家都有平等的路权。

C.同为一样的救助对象，政府所为即是公益，而民间所为即是慈善。比如，对于自然灾害来说，政府的救济就是公益行为，而民间的救济就是慈善行为。从社会分配关系上来看，政府行为的支付属于二次分配，而民间行为的支付属于三次分配。

D.一般来说慈善救助的对象是社会相对或绝对弱势群体。而公益普惠的对象可能是弱势群体，也可能是非弱势群体，政府的公益行为也可能是锦上添花。

E.还有一个最本质的区别，慈善是没有回报的付出，而公益由于部分是商业投资行为，其投资可以追求回报和利润。例如，文化、教育、交通、通信等有关事业；经营性的医院、养老机构等。

二、慈善与公益的联系

研究发现，慈善的社会属性也是公益事业的一部分。慈善与公益虽然有区别，但也存在着紧密关联，二者在某些方面具有同一性。可以说，慈善与公益两个概念既有明显区别又有密切联系。下面就来讨论它们的联系问题：

首先，慈善与公益同为社会保障体系的两个方面，二者复合在社会保障体系中。我们已经知道，慈善是社会保障体系的组成部分，是补充。而政府的狭义公益也基本上属于社会保障事业。虽然就社会保障而言，主要还是依靠政府的公益投入，慈善只能处于补充的地位，但二者缺一不可。

其次，现代慈善也涉足于公共事业领域。现代慈善事业的发展，已经延伸到社会环保和救灾等公益；日益涉足更多的社会公共利益事业，已是政府解决诸多社会公共利益问题不可缺少的重要力量。

最后，慈善的所有作为都是社会公益事业。也就是慈善事业的普遍公益性。大家知道，慈善的种种行为，一是补充了社会保障的不足，实现了社会财富的再分配，有利地促进了社会的稳定和发展；二是救灾环保等举措帮助政府解决很多社会公共问题。从这些方面来说，慈善也是公益，是公益的一部分。

总之，可以这样结论：慈善是公益，公益不是慈善。本论研究还发现，社会公益由三部分构成，即政府公益、商业公益、慈善公益。可见，慈善公益仅是公益构成的一部分，准确地说是一小部分。公益概念大于慈善，慈善是公益的因子。当然，随着慈善事业发展，在公益构成中慈善公益占比也会越来越大。理论和实践都充分证明了这一点，这里不再详述。另外，研究发现，慈善行为早于公益行为。抛开慈善本身的社会性作用不说，慈善的历史一定长于公益的历史。

慈善与公益也存在着一定的对立统一问题。从分配的梯次来看，慈善与公益既是统一的，又是矛盾的。统一是因为慈善也是公益的一部分，是对政府的帮助和支持。矛盾是因为资源分配上的对立。在某些方面，慈善上分配部分过多定会减少政府的税收。慈善捐赠只能捐出自己剩余的生产、生活资料，这些资料主要是从社会分配中所得，所以，有些慈善捐赠数量的增加，一定是对政府二次分配的减少，否则相反。这就是存在的矛盾性。

所以，政府必然使用政策进行调控，例如，制定各种捐赠的税收政策法规等。

慈善处于社会保障的补充地位不可改变。理论和实践都告诉我们，政府的公益作为是社会保障的主体。在任何一个国家，要想大力改善人们生活条件，缩小贫富差别，其根本措施还是在于政府对于民生和社会保障的投入，依靠政府的政策法规的调控，在国民财富的二次分配中解决。慈善是无法使全社会人们的生活状况和公益事业发生质的改变。例如，只靠慈善救助无法根本消除中国社会的贫困；靠希望工程无法改变中国义务教育的现状等。然而，尽管这样，慈善的作用仍然重要、不可忽视，是不可缺少的社会保障体系的补充。

第三节　公益慈善与私益慈善

经研究，本论把慈善事业发展过程中不同的慈善行为性质，在理论上区分和确定为公益慈善和私益慈善。公益慈善与私益慈善是两种性质不同的慈善行为，研究确立两种不同的慈善行为概念，不但具有重要的理论意义，也对促进慈善事业的实践发展大有益处。

一、公益慈善与私益慈善的概念

这里所说的公益慈善与私益慈善，是从慈善的行为主体关系及实体给付表现上的一种区别。

（一）公益慈善

本论可以这样定义：公益慈善是没有特定捐助对象和固有关系的复杂社会慈善行为。现在用举例方式说明。假如，有这样一个慈善家，他为了开展扶贫救助，而将自己的一亿元人民币捐给中国西部农村一万户贫困农民。最后，他是通过某个全国性的慈善组织完成了他的捐赠行为。本论把这种慈善行为称为公益慈善。

必须强调，公益慈善不是公益加慈善，也不是因为慈善属于公益范畴，就把一切慈善都称为公益慈善。上面的举例说明已经告诉大家，本论所谓公益慈善，是慈善的一种行为，即是无关联的两个慈善行为主体，通过中介组织实现的针对某些群体的捐助行为。例如，某慈善企业或慈善家捐建的希望小学，饮水工程，各种大病、先天病救助项目等，均为公益慈善。公益慈善是现代慈善事业的基本行为表现。所以，当前人们常见的慈善表述也均为公益慈善。公益慈善也是人们爱心的扩大和"移情"等因素所促生的社会慈善行为。

总之，在理论上公益慈善必须具有三个要点：第一，行为主体之间不存在某种关联。第二，捐赠行为的实现由中介组织承担。第三，受助者一般属于多人群体或社会公共利益。

（二）私益慈善

本论可以这样定义：私益慈善就是某社会主体为其特定的关系人或熟人提供的捐赠或援助。还是先用举例说明。有这样一个人，他出于某种同情和爱心，要把自己的一万元钱，捐给同村一个与他相识的某贫困大学生或同族亲属，他可以不用委托任何慈善组织去实现捐赠，而是自己把善款直接送给了受捐人。本论把这种慈善行为称为私益慈善。

可见，私益慈善即是两个存在某种关联的慈善行为主体，直接实现的捐赠行为。私益慈善有两个要点：第一，捐赠人与被捐赠人是熟悉或其他关系。第二，不通过中介组织而直接将财物等交于受助者。私益慈善也是建立在血缘和地缘关系基础上的慈善行为，是传统慈善的主要表现形式。

以上论述说明，本论根据慈善捐赠中两个主体的关系及实体给付表现形式，区分出了两种性质的慈善行为，即公益慈善和私益慈善。

这里，本论把在一定时间和空间内的社会慈善事业中，公益慈善与私益慈善的比例称为慈善行为构成。在慈善事业发展中，公益慈善所占慈善行为构成的比例越高，现代慈善的程度也就越高。否则相反。这是一条必然的规律。因此，慈善行为构成情况也是反映社会慈善事业发展水平的标志。

二、私益慈善的历史地位与现实意义

现在，再来阐述私益慈善的社会意义。私益慈善是传统古老的慈善行为，这种慈善虽然是相识人之间或者血缘性、地缘性的救助，它也同样是人的爱心产物，是人性中善的本质释放，也能对社会保障和稳定起到积极的作用。

私益慈善的作用在人类社会慈善发展史中有着很深的印记，而且我们越往前追索，其印记就越多越深刻。古代和近代乡村邻里百姓们的救济帮助，尤其劳务上的帮扶，不但从经济上支持了人们共同生存和发展，而且在人际和谐关系上也起到了维系和固化的作用。从而也形成了传统的乡间村镇的慈善意识和文化，这也是传统慈善文化的开始。直到现代广大农村社会中，乡间的私益慈善仍然普遍存在，仍是乡村慈善的重要表现。还有，我们会经常看到身边的人们，对于相对贫困的亲戚及好友、同事、邻居的各种资助与给予，这实质上都是一种私益慈善行为。实践证明，私益慈善在某种意义上来说更有利于族群、乡村、社区、单位内部的实施和发展，有利于人们实现自己的慈善贡献，有利于培养人们的爱心意识、扩大社会爱心群体。私益慈善可集"小善"成"大善"。所以，当代社会也应当鼓励和提倡单位、社区、村屯等成立自己的慈善基金组织，开展传统的私益慈善活动，它可以大大地推动慈善社会的实现。

私益慈善也是公益。社会中公民的个人问题也都是社会问题。私益慈善行为把各自身边相关人等存在的问题解决了，全社会的问题也就减少了或者没有了。所以，私益慈善也是公益，也是公益事业的一部分。

综上所述，无论是公益慈善还是私益慈善，其本质和社会意义都是一样的，都是慈善事物的两个不同方面和社会保障体系的组成部分，都是社会公益。都应积极提倡、支持和鼓励。

这里还应当指出，公益慈善与慈善公益的概念内涵不同，不是同义反复。我们已经知道公益慈善是一种慈善行为性质，而慈善公益则是慈善的社会属性，是对公益组成体系中的部分界定，是表明慈善对公益的关系。显然，公益慈善是慈善的一部分，而慈善公益则是公益的一部分。后者的概念内涵要大于前者。

第四节 简单慈善与复杂慈善

前面已经说过，慈善行为从主观动意到实体给付是一个过程。然而，由于慈善捐赠的行为性质不同，其过程方式也有所不同。有的要简单些，有的则要复杂些。本论根据慈善行为过程中，实体给付方式的差别，把慈善过程行为分为了简单慈善和复杂慈善。简言之，慈善实体给付过程简单的就谓简单慈善；慈善实体给付过程复杂的就谓复杂慈善。

一、简单慈善

本论首先阐述简单慈善。简单慈善是指慈善行为过程中两个主体直接完成的慈善行为。一般来说简单慈善多为私益慈善，是私益慈善捐赠实体的给付方式。因为私益慈善是血缘性与地缘性慈善，实体给付过程简单快捷，不需要中介组织服务。

简单慈善的主要特点是，捐赠过程时间短，受捐主体单一。一般来说简单慈善方式，两个主体空间距离相对集中，大多是同在一个村屯或一个乡镇内。但是，随着科技和网络的发展，公益慈善行为也有使用简单慈善方式进行的。所以，简单慈善捐赠的空间也开始扩大，距离拉长，而且远程捐赠也正在日益增多，有的也跳出了私益慈善范畴。

简单慈善最大的优点是捐赠成本低，效率高。例如，同村的老王捐给老李一百斤大米或二百元钱，他自己会把捐赠实体直接交付即可，几乎省去了百分之百的捐赠成本。这种方式主要存在于小体量、小数额的慈善行为。存在于针对左邻右舍的传统私益慈善行为中。

总而言之，简单慈善一般存在于传统慈善或自为慈善中。因为传统慈善和自为慈善的性质都是私益慈善。而现代慈善事业中也或多或少地存在着简单慈善方式，例如，通过网络实现的慈善众筹的给付等。而且，前面的论述已经告诉我们，在人类的慈善事业发展史上，越往前追溯，其传统慈善与自为慈善所占社会慈善的比例就越大，私益慈善行为也就越多，私益慈善越多，其简单慈善给付方式也就越多。

二、复杂慈善

现在再来阐述复杂慈善。复杂慈善是指慈善行为过程中，捐赠给付的实现是经过一个或多个中介组织完成的。这主要是较大体量或较大数额的捐赠，一般是受捐主体众多，空间距离较远的公益慈善项目的实施。

一般来说，公益慈善项目运作过程均为复杂慈善方式。现代公益慈善项目基本都是规模较大，捐赠标的数量多，捐赠与受捐主体空间距离远，分布广，行为过程时间长等。所以，公益慈善项目要实现其慈善行为，只能通过复杂慈善方式才能完成。例如，前些年东南沿海某慈善人物将自己2亿元扶贫款，捐给了西部数省数万个贫困家庭。这个项目最终是由某全国性扶贫组织通过一系列运作实现的。

复杂慈善一定需要运作成本。复杂慈善的运作成本是简单慈善的相加或倍加。慈善的运作过程越复杂其成本也就越高。尽管复杂慈善运作需要成本，但它也是公益慈善事业发展的必要方式，其成本也是公益慈善事业的必要成本。例如，企业家李某准备拿出二千万元，资助西部某省四千名贫困大学生就学，这就必须由相当的慈善组织来完成。否则，是很难实现的。

复杂慈善是现代慈善发展的必然结果。随着现代慈善的发展，复杂慈善在慈善方式的构成中，其比例定会不断提高。复杂慈善的增加对慈善组织的需求也会加大，催生了慈善组织的发展，进而也促成了慈善的社会职业队伍，产生了对慈善进行管理的政府机构，以及相适应的政策法规等。

三、简单慈善与复杂慈善的若干关联

我们已经知道，简单慈善与复杂简杂是从其慈善行为过程的实体给付方式区分的。实践中，慈善捐赠实体给付方式也是慈善行为中的一个过程，往往给付方式影响整个慈善项目的运作方案，或整个慈善运作过程。所以，实体给付方式也等同于慈善行为方式。这样，本论对简单慈善给付也可以称为简单慈善方式，对于复杂慈善给付也可以称为复杂慈善方式。

简单慈善方式促使了慈善的原始历史，创造了传统慈善事业的形成和发展。复杂慈善方式为现代慈善事业的发展提供了工具，使人们扩大和延长了慈善意愿，并使"移情"得到了实现。如果慈善行为只需要简单慈善方式，而没有复杂慈善方式的出现，就不会有现代慈善事业或与其相适应的上层建筑的建设。复杂慈善方式是现代慈善事业的产物，也是现代慈善事业不可缺少的手段。

理论和实践都证明，在同一个时代，同一个国家或地区的慈善事业中，

会同时存在简单和复杂两种慈善方式。而且，两种慈善方式会在同一时间和空间内并存。

第五节 慈善行为与意识、物质基础与上层建筑

慈善也同其他社会事物一样，存在着物质和精神两个方面，即慈善行为与慈善意识。然而，对社会慈善事业而言，还存在着物质基础与上层建筑。现在，就来分别阐述这两个问题。

一、慈善行为与慈善意识

慈善行为与慈善意识，是慈善理论中的两个常见的基本概念。现在本论就来探讨这两个概念的内涵及其关系。

（一）慈善行为

本论把单个具体的慈善从主观动意到实体给付的过程称为慈善行为。也可以说，社会慈善活动过程的实践表现即是慈善行为。

慈善行为有狭义和广义之分。狭义慈善行为是指慈善救助或捐赠的个别举动。一般意义上的慈善行为系指狭义慈善。狭义慈善行为的核心就是捐赠，所以简单来说慈善行为也就是捐赠表现。捐赠也是慈善过程的终点。广义慈善行为包括慈善和再慈善的各种实践活动，现在也有人称为大慈善。例如，慈善服务和为了再慈善而进行的慈善经营活动等。随着社会慈善事业的发展，广义慈善行为也会越来越多，在慈善行为的比重中也会逐渐加大。

提倡和促进慈善事业的发展，就是促进越来越多的慈善行为的出现。慈善行为也是检验社会慈善发展水平和社会企业、公民、慈善家们慈善贡献的根本指标。所以，慈善必须有行为表现，有实际行动。这一点不需更多的说明。

（二）慈善意识

本论把人们头脑中慈善观念的恒常存在称为慈善意识。反过来说，慈善意识即是人们头脑中的慈善观念的恒常存在。慈善意识也是零散的慈善思想及观念的固化。

慈善意识又分为个别意识和社会意识。不难理解，个别慈善意识也就是个人意识、自然人意识。社会慈善意识就是单个区域内的群体人或整个社会人们的慈善意识。例如，世界、国家、民族、地区等，不同级别的区域空间性社会慈善意识。在一个社会单元内，如国家、地区等各个个体慈善意识的一般性或平均性，即是社会慈善意识。

人的原始慈善潜意识是生来就有的一种天性。人的本性中就有善与恶的两种基因。本性中的善是人的慈善潜意识，朴素慈善意识。随着慈善事业的发展，人的潜意识会逐渐形成具有反作用的固化意识。然而，人们随着后天的生长和教育环境不同，其慈善意识发展方向也有所不同。一方面逐渐向着好的善的方面发展，并在大脑中形成稳固良好的慈善意识；另一方面，逐渐向坏的方面转化，缺少爱心和慈善观念，甚至极端自私自利，逐渐走向了恶的一面。

社会需要的是良好的慈善意识。而人们的良好慈善意识是由这些情况决定的：第一，家庭影响和教育。家庭影响主要是家风及父母的言行与举动。第二，社会教育。这主要是官方的校园教育。第三，社会风气的影响，如官风、民风等。第四，社会慈善文化影响，也就是社会慈善文化形态状况的影响。第五，社会慈善行为的影响。也就是人们的慈善实践对于慈善思想观念的作用。

慈善行为与慈善意识是慈善事业的两个基本因子，是相互作用的关系。慈善行为是由慈善意识决定的，没有良好的慈善意识就没有良好的慈善行为。然而，慈善行为又能产生和促进慈善意识。发展慈善事业增加人们的慈善行为，又能有力地促进社会慈善意识的提高。所以，慈善行为与慈善意识是相互关联和相互促进的互为关系，是慈善的两个不同的重要方面，缺一不可。

二、慈善物质基础与上层建筑

从整个社会层面考量，慈善事业在某个社会形态体量内的存在与发展，也有两个不同的方面，即慈善物质基础与慈善上层建筑。

（一）慈善物质基础

所谓慈善物质基础即是社会慈善活动的各种物质条件。慈善事业的物质基础主要由三个方面构成：第一，社会慈善行为的经济存在，即慈善的经济条件；慈善事业发展必须具备相当的经济基础，没有相当的经济基础，就无法实现慈善事业的发展。经济基础是慈善物质基础的核心。第二，承担公益慈善行为的社会慈善组织和慈善关联组织；第三，慈善工作者或劳动者。

（二）慈善上层建筑

慈善上层建筑也就是建立在慈善物质基础之上的慈善意识形态与国家作为等。主要由这四个方面构成：第一，慈善意识与文化教育及文学艺术；第二，慈善研究与宣传；第三，慈善事业的政策法规；第四，政府的监督与管理等。

慈善上层建筑，是与慈善事业物质基础的发展相应产生的，并引导和促进慈善事业的发展。按照历史唯物主义观点，慈善的物质基础决定上层建筑，上层建筑随着物质基础的需要而发展。但是，上层建筑又反作用于物质基础。在慈善物质基础一定的情况下，慈善事业的发展情况就取决于上层建筑，尤其政府的政策法规尤为重要。慈善事业越发展上层建筑就要越强大。在传统慈善阶段，由于社会慈善行为方式与慈善事业的状况简单，上层建筑也相对简单。现代慈善事业的发展使慈善变为了复杂的公益慈善，慈善行为方式复杂，慈善已成为重要的社会公共事物。所以，慈善的上层建筑也在日益加强。例如，近些年来，中国政府不但增设了专门的慈善管理部门，还颁布实施了《慈善法》等多部专业法律和相关法规；还出现了慈善专业报刊及各种图书出版物。慈善研究机构也在日益增多，有的高等教育学府也开设了慈善专业教学。这些上层建筑的发展和增强，有力地促进了现代慈善事业的发展。可以预断，以后随着现代慈善事业的发展，上层建筑方面还会不断提高和增强。

慈善事业是慈善物质基础与慈善上层建筑的总和。也可以反过来说，慈善物质基础与慈善上层建筑的总和是慈善事业。慈善事业是人类社会整体事业中的一部分。

第二章　慈善捐赠三种物质形式与价值构成

本论在第一章的论述中已经告诉大家，捐赠是慈善的基本表现，是慈善行为的核心要件。本章就和大家研究讨论慈善捐赠的三种物质形式与价值构成。

现在，首先需要明确物质与物资的概念区别。物质与物资是两个内涵不同的概念。物质概念是哲学范畴，凡是人们意识之外的客观存在都是物质。比如各种动物、植物，还有文字、声音、阳光、空气等。物资是经济学概念，一切可供人们生产与生活使用的产品或物品都是物资。如食品、衣服、钢材、车辆等。货币与劳务是物质而不是物资。当然，物资也是物质的一种存在形式。凡是含有人的劳动耗费的物质产品或活劳动均为有价物质，均为价值物。

第一节　慈善捐赠的三种物质形式

在捐赠行为中，捐赠者往往要根据自己和受助对象的需求，确定捐出不同物质形式的价值物。捐赠实践中总共有三种物质形式：一是货币；二是物资；三是劳务。因为货币、物资、劳务三者的共性是物质，这三种物质都具有一定的价值或使用价值，因此，本书可以把这三种不同物质的捐赠，统称为慈善捐赠价值或有价物质。货币等三种物质形式，也是慈善捐赠价值总体的三个不同部分。下面就分别阐述三种物质捐赠形式。

一、货币捐赠

货币捐赠是慈善捐赠的首要物质。货币捐赠也叫价值捐赠。货币捐赠作为慈善捐赠的首要选择，主要是因为它有以下几个优点：

（一）不受捐助对象的需求限制，便于受助者使用

我们知道，货币是特殊商品，是一般商品等价物，可以和一切商品相交换。受助者可以用货币换得自己需要的各种使用价值和服务。不管是需要治病的，还是需要穿衣吃饭的，或者是需要上学读书的，只要有了货币这种价值物，就能解决他们存在的各种不同性质的困难和需求。

（二）便于管理，方便给付

因为货币是价值尺度，尤其现代货币，只是一种"信用纸"或电子数据，它的特质有利于捐赠者或慈善组织的运作。它可以在短时间内将其送达受捐者手里，即能立刻发挥捐赠的价值效用，也节省了慈善运营者的管理成本和捐赠物给付的位移成本。随着金融服务业和电子技术的发展，作为支付手段的货币所有权转移就更加顺畅高效。有些货币转移只是个数字的传输，不存在时间、空间与体量的障碍，这也为慈善捐赠提供了更加广阔的空间便利。货币，即使在一定时间内没有实现给付，暂存相关管理者手中，其保管成本也是极其低廉的，或者忽略不计的，如果存放到银行里还可获得利息的增殖。

（三）有利于慈善资本积累

现代慈善事业的发展要有慈善基金做为积累，以便慈善事业的可持续性。一般来说，慈善基金会都是用基金所产生的增殖作为救助价值使用。对于慈善基金会的捐赠，货币是最佳的选择。否则，你捐给它一堆粮食和衣服是不好办的，是不方便作为基金会的可持续慈善财富积累的。所以，货币捐赠不但有诸多方便，还能让慈善基金获得增长，有利于实现再慈善。

（四）有利于现代公益慈善项目的实施

由于货币的特质与现代金融业的发达，货币捐赠更加便于公益慈善和复杂慈善项目的运作。

还须明确，证券、股权、各种有价金融产品的捐赠，均属于货币物质捐赠范畴。但是，虽然这些捐赠属于货币物质，又不同于货币。由于股权、有价证券等不是现金货币，不能直接捐于受助主体，只能做为慈善基金用其增殖部分进行公益慈善作为；或捐给慈善组织作为发展基金。所以，股票、有价证券等价值捐赠也不宜用于传统私益慈善。

同时，货币捐赠情况，还是衡量社会慈善发展水平及慈善组织工作业绩的重要尺度。

货币捐赠，由于其捐赠的是一般商品等价物，是可直接用来与任何商品相交换的价值。所以，其捐赠的意义没有质的区别，只在于量，在于数量的多少，只用捐赠数量即可衡量和体现慈善贡献量。价值量是衡量慈善贡献量的统一标准。

综上所述，货币捐赠是最宜提倡和鼓励的慈善捐赠形式。

二、物资捐赠

物资捐赠是慈善古老悠久的捐赠形式。首先有必要明确一下物资捐赠的概念。本书把慈善行为中各种具有一定使用价值物品的捐赠统称为物资捐赠。由于物资捐赠的实体是某种有用物品，所以，还可以把物资捐赠称为使用价值捐赠。实践中物资捐赠一般俗称为实物捐赠。物资捐赠的各种称呼不一，其本质是一样的。

（一）物资捐赠的两个类别

物资捐赠按其使用价值区分，种类繁多。本书在此根据其使用价值的来源将其分为两个类别：一是人的劳动产品；二是人体自然物质。

（1）人的劳动产品的捐赠。人的劳动产品或物化劳动，即是各种具有使用价值的物品。例如，衣服、食品、药品、劳动工具等。这些捐赠是物资捐赠的第一种类型，也是存在于慈善物资捐赠中的基本类型、主要类型。

（2）人体自然物质捐赠。人体自然物质捐赠也就是人体组织或器官捐赠。人的自然身体和各个器官及体内的物质捐献也是物资捐赠范畴。如人的某种活体与遗体器官以及完整的遗体捐赠等；还有人的血液、骨髓、干细胞等物质捐赠，均属于物资捐赠的第二种类型。人体及体内的各种物质捐赠已是现代慈善事业物资捐赠的重要表现。尤其最常见的也是捐赠历史最悠久的人的血液捐献。

当前，虽然在两种物资捐赠形式构成中，物资捐赠仍为主要表现，是一般形式。然而，随着现代慈善事业的进步，人们慈善意识的提高，医学科技的发展，人本身自然物质的捐赠行为在不断增多。人体自然物质捐赠占物资捐赠的比例也在日益增加。这也是一种必然趋势。据悉，目前在美英等国就已经出现一些利他主义的行善者，自愿把本人两个健康的肾，取出一个捐给素不相识的尿毒症患者。而且，这种器官捐献的人数还在逐年增长。捐献者认为他们捐出了自己身体中多余的物质，用来拯救他人的生命，这是极为幸福的。① 医学科技的发展也是决定人体自然物质捐赠情况的重要因素，增加了捐赠的客观可能性和对捐赠者健康的保障性。

（二）慈善物资捐赠存在的问题

由于物资与货币性质上的差别，物资捐赠的实践存在着以下几个问题：

（1）物资捐赠只对捐赠物具有使用需求的主体才有用。我们知道，食品对于饥饿的人有用，服装对于避寒的人有用，药物对于患病的人有用。所以，对于物资捐赠物与受捐人的需求不相对是不行的。还可以举例说明，比如，张老三需要一个活体肾，你偏要捐给他一个眼角膜，一点用处都没有，因为眼角膜对他没有任何使用价值，也起不到任何救助效果。由于人的需要是复杂的，同一类物品的有用性对于不同需求的人们也是不一样的。例如，同样是治病的药物，如果你把抗肝癌药品送给了肺结核病人就毫无用处。实践中，捐无所用的事例很多。

（2）使用价值只有被使用了才具有价值。慈善物资即使捐给了有需求的人，也只有被受捐者消费了其价值才能实现，捐赠才能成为事实。比如，老张头捐给老李头十斤猪肉，价值一百元。如果老李头因某种原因没有吃到这十斤猪肉，对于他来说就等于没有获得价值一百元的物资捐赠。对于社会来说也就不存在这价值一百元的慈善行为或效果。所以，物资捐赠必须保障最大限度地被利用。

（3）物资捐赠存在着较大的必要运作成本。现代公益慈善中，一般慈善行为均为复杂慈善。公益慈善项目的捐赠，必然是两个主体的距离空间大，一切所捐赠的物资要实现给付，都需要保管、运输、分送等费用。

---

① 参见［澳］彼得·辛格著《行最大的善》第83页。

而且所捐赠的物资体态越大，自然属性越脆弱，其运作成本就越高。同时，慈善行为的运作方式越复杂、空间距离越远，其运作成本也就越高。

（4）物资捐赠的价值物保管与位移存在损耗风险。物资捐赠的有价物在其保管和运送过程中，还存在着使用价值改变、捐赠标的减少，甚至灭失的问题。例如，物品腐烂变质、过期失效、破损、丢失等。实践中这些情况层出不穷。

因此，物资捐赠必须注意克服以上存的众多问题。应当做到：首先，要有计划精准地选择受捐对象，按需供捐，适量供捐；其次，要考虑物资的运作成本，对于成本过大并与其自身存在的价值量相比，价值意义不大的物资不易捐赠；最后，尤其要注重和讲究捐赠物资的技术质量。要尊重受捐者的平等权和尊严，不能把质量太差使用价值又不大的物资捐赠出去。例如，许多家庭捐赠的旧衣物就存在诸多质量不合格问题。

我们必须承认，物资捐赠在慈善捐赠中也具有十分重要的意义，有时与货币相比也具有不可替代的优点，比如，在一定的环境下人们可以消费某种物资但不能直接消费货币；还有，人体自然物质的捐赠，有的不是用钱能够解决的。目前，在慈善捐赠价值构成中物资的比重很大。据悉，有的慈善组织收到的捐赠物质，百分之八九十都是物资。我们充分认识物资捐赠的问题和缺陷，是为了努力提高物资捐赠的科学性和行为效果。

价值最有意义的是量，而使用价值最有意义的是质。物资捐赠的问题是捐赠物的质和量，首先是什么质的物资，其次才是数量。物资捐赠必须讲究质和量。

三、劳务捐赠

本论先从慈善学范畴给劳务捐赠下个定义。所谓劳务捐赠即是人们为某种救助与援助对象提供的无偿劳动或服务。目前一般表述为志愿者义工劳动捐献，《慈善法》表述为志愿服务，本论称它为劳务捐赠。下面就分别阐述劳务捐赠的若干问题。

（一）两种类别的劳务捐赠

劳务捐赠也是劳动捐赠。本论依据人们的不同劳动性质，把劳务捐赠分为两种类别：一是体力劳务捐赠；二是智力劳务捐赠。

（1）体力劳务捐赠。体力劳务捐赠是指依靠人的身体自然力的支出而实现的劳务付出。也就是俗称的体力劳动。例如，照护老人，农田耕作，打扫卫生，物品搬运等。凡是一般性知识或专业技能作用下就能实现的劳动均可称为体力劳务。体力劳务也是一种基本劳务捐赠，也称简单劳务捐赠。体力劳务捐赠受捐者获得的是物化成果。例如，物品的移动，房屋的搭建、场所的整洁等。

（2）智力劳务捐赠。智力劳务捐赠是指依靠知识和智慧及专业技能的支出实现的捐赠。例如，各种义演、义诊、义教、心理咨询、精神帮扶、咨询服务等慈善活动。以上这些行为均属慈善劳务捐赠范畴，是慈善劳务捐赠的第二种形式。智力劳务捐赠受捐者获得了精神上的满足或知识上的收获，还有问题的发现与解决问题的办法等。应当指出，当前慈善理论界有人把智力劳务捐赠称之为精神慈善。本论认为，这种智力与知识付出的本质也是一种复杂劳务，也是一种物质慈善捐赠，称为智力劳务捐赠比较科学正确。

（3）智力劳务捐赠是简单劳务捐赠的倍加。靠智力和知识付出的捐赠，是复杂的劳务捐赠。复杂劳务捐赠的单位时间内价值贡献量，一定高于简单劳务捐赠。复杂劳务捐赠价值量是简单劳务捐赠的倍加，倍加的数量情况，要视复杂劳务的智力含金量而定。随着慈善事业的发展，在劳务捐赠构成中，复杂劳务捐赠也会日益增多，这也是劳务捐赠发展的必然趋势。

（二）劳务捐赠的若干益处

劳务捐赠在社会慈善捐赠行为中也十分重要。具有如下几点益处：

（1）潜在资源丰富。大家知道，货币捐赠付出的是物化劳动的价值；物资捐赠付出的是物化劳动的使用价值；志愿者捐赠付出的是人的活劳动。而劳动是存在于人体中每当使用时就有的一种能力。所以，社会中具有一定体力和智力的人，或者说是具有一定劳动能力的人，都有捐赠劳务的条件。一个身体正常的人，可能没有剩余的物化劳动可捐，但他无论如何也有活劳动可捐。劳务捐赠可以使一般人都有机会成为慈善的参与者和贡献者。甚至青少年或老年人都可以成为某种工作的志愿者。

（2）可及时有效地满足若干劳务需求。志愿服务可以及时有效地为需要帮助的弱势群体解决需求。比如，孤寡老人，伤残者家庭，最需要人们提供活劳动的捐赠。还有临时需要帮助的突击性工作。例如，搬家、修建房屋，收获农田等。

（3）省略了捐赠的社会成本。志愿服务捐赠一般都属于简单慈善捐赠，具有一定的地域性和易于对接性，以及因需供给性。而且，志愿者服务的组织者也多为志愿者。所以，这种捐赠的管理费用极低，多数捐赠行为的运作成本几乎为零。所以，劳务捐赠会大大节约慈善行为的社会成本。

（4）有利于提高人们的友爱和道德伦理观念。劳务捐赠一般都是在街道、社区、村屯之间的近距离空间内进行，多为熟人之间的帮助。连续不断地近距离接触与给予，会使捐者与受捐者的感情加深，也会对他人产生爱的影响。进而，有利于提高人们的慈善爱心氛围与和谐共助的观念，有利于基层和谐社会建设。

（5）捐赠能够被有效利用。劳务捐赠与物资捐赠相比，其优点还在于它的直接对接，捐赠者在捐赠付出的同时也是受捐者对劳务的消费过程，如果组织得力恰当，不存在任何浪费问题，一定会收到良好的效果。即使存在一定的浪费也是无关紧要的，因为人的劳动是存在于人体中的潜在物质，在一定数量限度内支出与否，对志愿者本身都是一样的。

（三）劳务捐赠表现货币化

也就是将义工的劳务支付量使用货币计量。例如，将张老三的七天志愿劳动由 56 个小时折合成相当的货币表现。劳务捐赠表现货币化，是科学表现志愿服务的必要手段，有利于慈善劳务的业绩考核和促进劳务慈善的发展。其可行性有以下几点：

（1）理论与实践依据充分。将劳务捐赠表现货币化具有一定的理论和实践依据：第一，经济学理论认为，任何有用的或被使用的活劳动均是价值劳动，都是价值，完全可以用价值量来计量人的劳动量。第二，当前实践中人们在表现慈善捐赠成果时，都把物资捐赠折合成货币计量。例如，一般都说获赠的款物达到了多少人民币。既然物资能折合成货币，劳务也是完全应该的。所以，用货币表现劳务捐赠量是没有任何障阻的。

（2）实践中的益处有二。将劳务捐赠表现货币化有以下两点好处：第一，劳务捐赠表现货币化，有利于表现志愿者的业绩，便于调动其慈善捐赠积极性。对于捐赠者来说，捐赠出相当于多少货币的劳动，要比说其捐赠了多少小时劳动好得多。这样，能增加捐赠者的光荣感、慈善成就感，从而增加努力再捐赠的动力。第二，将劳务捐赠表现货币化，统一了慈善捐赠的业绩"语言"，有利于对综合性慈善组织、有关地区和社会慈善业绩的统计和评定。

（3）计算方法简便。将劳务捐赠表现货币化并不难。我们把当地相关行业的标准工作日或小时工资乘以劳动时间，即可计算出其劳务捐赠的价值量。同时也可以用其捐赠的单个服务成果价格乘以其劳务成果总量，即可得出其捐赠的价值量。例如，河南省林州市有个慈善理发店，每月有一天免费为60岁以上老人理发，他们理发的单个价格是每人10元，假如一年免费理了一千人，它的慈善劳务捐赠量折合人民币就是一万元。

第二节　慈善捐赠价值构成

前面的研究已经告诉大家，慈善捐赠存在三种物质形式。现在，本论再进一步研究和阐述由三种捐赠物质形式决定的慈善捐赠价值构成。

一、慈善捐赠价值与价值构成概念

慈善捐赠价值构成也可简称为捐赠价值构成。本论首先向大家阐明，捐赠价值与价值构成的概念及其相关问题。

（一）捐赠价值

要弄清捐赠价值构成，必须首先知道什么叫捐赠价值。所以，本节先从捐赠价值说起。捐赠价值即是各种捐赠物质的货币表现。也就是货币、物资、劳务三种不同捐赠物质的价值抽象，是各种捐赠物质的统一称谓。实践中为了便于业绩表现，有关组织或部门一般将获得的不同物质捐赠价值物，统一折合为货币来计量，例如，某单位某年共接受捐赠的货币与物资、劳务折合共计多少人民币。这样就把货币、物资、劳务三种不同质的捐赠物质，在统计上一律变成了统一的价值，用价值这样一种语言或尺度来表现捐赠体量的大小。这种价值也就是捐赠价值。

（二）捐赠价值构成定义及其规律性

研究和确立慈善捐赠价值构成概念并揭示其理论价值，对丰富慈善理论很有意义。

（1）捐赠价值构成定义。我们知道，慈善捐赠由三种不同的物质构成，三种物质可以统称为捐赠价值，用货币尺度表现。这样，就形成了一个统一标准的捐赠价值体。这个价值体由三种捐赠价值构成。现在，本论就对慈善捐赠价值构成的概念这样成义：慈善捐赠价值构成，即是一个统计单位的某个时间内，三种捐赠价值所占的比例情况。这里，一个统计单位可以是一个国家，一个省、市，或者一个慈善组织。还应指出，实践中慈善组织或个人的捐赠价值构成可能由三种物质构成，也可能由两种物质构成。由货币和物资两项构成的比较多见。所以，能够达到两种捐赠价值的结合体即可称为价值构成。

（2）捐赠价值构成的规律性。慈善捐赠价值构成与社会慈善事业发展水平成正比。一个国家、地区或慈善组织的捐赠中，一般都由货币、物资、劳务这三种不同的捐赠价值构成。然而，在捐赠价值构成中各自所占的比例往往是不同的，有的高些，有的低些，这种不同的比例和差距是由统计单位的工作业绩反映的。在捐赠价值构成中，货币所占比重越大，其价值构成质量也就越高，反之就越低；捐赠价值构成质量越高，社会慈善事业发展水平也就越高，反之就越低。在理论上捐赠价值构成还有这样四个不同的规律：第一，同一个国家不同时期的慈善捐赠价值构成会有所不同；第二，在一个国家的同一时期内，不同地区的慈善捐赠价值构成也会有所不同；第三，同一级别同一时间的不同慈善组织的捐赠价值构成也会有所不同；第四，在同一时期不同的国家，也会因为其社会经济发展和慈善事业状况等条件不同，其慈善捐赠的价值构成也不同。

二、慈善捐赠价值构成的实践意义

慈善捐赠价值构成理论，对于慈善实践具有重要的作为意义。这种作为意义主要有以下三个方面：

（一）捐赠价值构成是检验社会慈善发展水平的重要指标

前面的论述已经告诉大家，在一个国家或地区某个时间内的捐赠价值构成中，货币所占比重越大，其社会慈善发展水平也就越高，也就越现代，反之就越低。因为，货币捐赠的出现是现代慈善事业发展的主要表现。在古代传统慈善事业中，人们的捐赠主要是生活物资，如粮食或衣物等。其次是少许劳务捐赠。劳务捐赠量的多少也能反映出社会慈善发展状况。一个国家或地区的劳务捐赠量大，说明其参与慈善活动的人数多，人们的慈善意识好，群众性强，距离慈善社会或慈善城市、乡镇的目标越近，否则相反。实践也告诉我们，发达国家的慈善事业捐赠中首先是货币，其次是劳务，志愿服务捐赠已经普遍化、全民化。所以，实践中可以使用捐赠价值构成指标，检测一个国家或地区的社会慈善发展水平。

（二）捐赠价值构成是考核慈善组织工作业绩的主要指标

一般来说，在慈善组织尤其综合慈善组织中，所募捐赠价值构成中，货币的比重越大其业绩就越好，否则相反。这个道理与一个国家或地区是一样的。在古代，简单慈善组织一般都是接受各种粮食捐赠，然后再向饥民们放粮或开设粥锅施舍。那时的慈善组织水平很低。我们假设，某年有甲乙两个慈善组织，甲接受的慈善捐赠价值构成中货币占百分八十以上，而乙只占到了百分之二十，其百分之八十为物资。显然甲的业绩质量要大大好于乙。所以，实践中可以使用捐赠价值构成指标，考核慈善组织的业绩。

（三）捐赠价值构成也是考评捐赠人贡献情况的重要指标

捐赠价值构成也是对捐赠人业绩考评的尺度。比如，有甲乙两个自然人或法人，甲每年捐赠价值为十万元，其中货币五万元，物资三万元，劳务二万元。而乙也是每年捐赠价值十万元，其中货币三万元，物资五万元，劳务二万元。虽然它们的捐赠价值量都是十万元，但由于他们的捐赠价值构成不同，甲货币占百分之五十，而乙却占百分之三十。由于价值构成的差别，二者的慈善贡献大小也就不同，甲显然要好于乙。所以，实践中可以用捐赠价值构成指标，考评慈善捐赠人的贡献情况。

三、决定慈善捐赠价值构成变化的因素

慈善事业应当努力提高慈善捐赠价值构成。研究得知,捐赠价值构成情况由以下几个因素决定:

(一)社会经济发展水平

慈善捐赠价值构成与社会生产力高低及经济发展程度密切相关。社会的劳动生产率高,剩余劳动产品价值多,商品经济发达,在捐赠价值构成中,货币的比重就大,反之就小。

(二)慈善事业发展水平

货币捐赠是现代慈善事业的一大特质,现代慈善事业发展得越好,水平越高,在捐赠价值构成中货币的比重也就越大,慈善捐赠价值构成的质量就越好,慈善救助效果也就更理想。

(三)慈善上层建筑的作用

这主要是政府的政策法规对于慈善行为的引导与推动。政府的政策法规能充分影响社会慈善捐赠价值构成情况。假如,用税收等杠杆调节鼓励货币捐赠,社会慈善捐赠价值构成就会提高,反之就低。

(四)慈善组织的工作情况

慈善组织的募捐活动情况和它的工作方针,以及社会影响力,公信力,都可以影响其获捐的物质形式。如果在工作中能千方百计地增加货币捐赠量,也能有效地提高捐赠价值构成。

关于慈善捐赠价值构成问题,本论在后面的考评中还将继续讨论。

第三章　决定慈善事业发展状况的六个因素

任何事物发展变化都有一定的客观因素，都在一定的条件作用下改变。慈善事业的发展变化也同其他各种事物一样，有它产生和发展变化的条件和规律。研究发现，慈善事业的发展状况由六个因素决定：第一，社会经济发展状况；第二，人们的社会慈善意识水平；第三，慈善组织作为状况；第四，公民社会保障程度；第五，政府政策法规情况；第六，国际慈善作用。下面，本论就来分别阐述六个因素与慈善事业发展的关系。

第一节　社会经济发展状况与慈善事业

本论首先阐述社会经济发展状况与慈善事业的关系。研究发现，社会经济发展状况是慈善事业的物质基础，是决定慈善事业发展的首要因素。

慈善问题归根结底，既是一个社会问题，更是一个经济问题。也可以说，慈善主要是通过经济捐赠手段解决社会问题。然而，慈善行为的捐赠是各种有价物质的付出，捐赠付出物均是一定量的价值物，和各种不同质的使用价值与人的有价劳动。没有物质上的付出，就构不成慈善行为，更谈不上慈善事业。因此，人们要想为慈善而付出，首先就要具有一定数量的可供支配的剩余物质。本论就从以下几个方面来论述社会经济发展状况与慈善事业发展的关系：

A.社会经济发展水平决定人们的慈善捐赠情况。没有捐赠就没有慈善。然而，只有当生产力水平提高，社会经济发展状况达到了人们的生活消费资料有了相当的剩余，才能产生社会意义的慈善物质捐赠，也就是初始的慈善行为或慈善事业。因为，对于生命的自我保护是一切动物的本能，也是人的本能。人，虽然存在着本性善的一面，但保持生命与生存也是人的底线。比如说，当一群人都处于饥饿状态时，其中甲某获得了一点充饥的食物，那他首先最大的可能是要满足自己，是否能再分给别人，那要看食物的多少和自我满足的程度了。所以，在古代生产力水平较低、经济剩余不多的情况下，作为捐赠主体的个体人或某个家庭，一般都只是在满足了自己必要的生存或生活资料后，才能进行些许慈善捐赠，而这种捐赠物质多为剩余物。生产力发展了，捐赠的物质水平也就提高了，开始由生活物资发展到货币，由少量到多量。各个时代的规律都是一样的，人们捐赠的意愿与行为与其经济剩余情况紧密相连。所以，从整个社会来说，只有当社会生产力发展到可以产生一定数量的剩余产品或生活与生产资料时，才能产生人们自觉的有目的慈善行为，有了真正意义的社会慈善事业的产生，以至随着社会生产力水平的提高和社会经济状况的发展而发展，直到今天的现代慈善事业。

B. 慈善劳务捐赠情况也与社会经济状况密切相关。劳动是存在于人的身体中，每当使用时就有的一种能力。如果一个人的身体中只有维持其生命存在和自我运动的能力，他就无法为别人提供劳务捐赠。然而，即使一个人身体很好、有充足的劳动力能力，但他由于必须要为维持他自身和家庭的生存而劳作，没有剩余时间和能力时，那他也很难再为别人或社会去义务劳动了。所以，社会经济发达劳动生产力水平高，劳动强度降低，人们为了生存和生活而付出的劳动时间就会减少、剩余劳动时间就会增多，劳务捐赠的可能性就大。否则一定相反。总之，社会经济发展状况与人们的剩余时间和劳务捐赠量成正比。所以，劳务捐赠情况也同样取决于社会经济发展状况。

社会经济状况与慈善事业的关系是这样一种规律。社会生产力越发达，社会经济状况越好，人们的经济成果和活劳动剩余就越多，慈善捐赠的物质也就越多，慈善事业也就越发展。否则相反。由此可见，慈善事业的产生和发展与社会经济状况紧密相连。以上从理论上阐明或论证了慈善事业与社会经济发展状况的关联。

C. 实践也充分证明，社会经济发展状况与慈善事业关系的规律性。现在，本论再从实践上来说明，慈善事业与社会经济发展状况的关联问题。第一，世界慈善事业发展实践充分证明了这样一个规律：发达国家的慈善事业一般要好于发展中国家；发展中国家的慈善事业要好于贫穷落后的国家。英美是世界上经济最发达的国家，其慈善事业也是世界上最好的国家。第二，中国近些年来现代慈善事业的发展也证明了这一点：凡是经济发达地区的慈善事业均好于落后地区；东部与南部及东南沿海地区均好于西部、北部和东北部地区。据介绍，北部和西部一个省的年慈善捐赠价值量还不及发达地区的一个县级城市。据悉，福建省有一个县级市的慈善会，每年平均募得慈善资金四五亿元，而东北一个五百万人口的地级市，某年募集善款的目标仅是二百万元。以上国内外社会实践，更进一步证明了社会经济发展状况与慈善事业发展关系的规律。

本论相信，随着社会劳动生产力发展，劳动生产率的不断提高，社会经济状况的日益繁荣，定会大大地促进社会慈善事业的发展，促进慈善捐赠总量的不断提升。

本节以上论述已经从理论和实践两个方面阐明，社会经济发展状况与慈善事业发展的关系。也充分说明了社会经济状况是慈善事业发展的物质基础，而且是影响慈善事业发展的六个因素之首，是重中之重。

第二节　社会慈善意识水平与慈善事业

本节阐述社会慈善意识水平与慈善事业的关系。本论认为，社会慈善意识水平是决定慈善事业发展状况的因素之一。因为人们的社会慈善意识水平，影响或决定慈善事业捐赠的主体资源状况。慈善捐赠主体资源也是慈善事业发展的必备条件。

现在，先来解释慈善事业主体资源的一般问题。我们知道，在慈善捐赠行中有两个主体，即捐赠主体和受捐主体，一个慈善行为的实现必须有两个主体的对接。慈善行为的两个主体是自然人或法人，缺一不可。所以，慈善行为的产生没有捐赠主体是一定不可能的。但是，有了捐赠主体没有受捐主体也是不行的。实践中也会出现这种情况，有的慈善组织的特殊项目往往找不到受捐主体，而无法实现捐赠。据悉，早些时候美国微笑列车慈善基金会，要在中国开展儿童唇腭裂先天病患者的救助，由于信息资源等原因一度找不到救助对象，后来同中国政府和有关慈善组织合作才解决了这个问题。

然而，本论这时所说的主体资源完全是指慈善捐赠的主体。一般来说，社会慈善行为实践中缺少的是捐赠者，而不是接受者。捐赠主体是构成慈善行为的关键主体，开发慈善捐赠的主体资源对慈善事业发展十分重要。因为，慈善行为是人的自愿捐赠，没有人的自觉捐赠就不会有慈善行为，更谈不上慈善事业。人的行为又是由一定的意识决定的，意识存在于人的头脑中。不管是自然人还是法人的捐赠，归根结底都是人的慈善意识的反映和实现，都是人的慈善意识作用的结果。所以，人们的社会慈善意识会严重影响或决定慈善事业捐赠的主体资源状况。

再进一步讲，社会慈善意识水平也就是一定空间内人们慈善意识的平均状态。所以说，社会慈善意识影响或决定慈善事业发展的主体资源，其根本在于社会慈善意识状况决定着慈善捐赠的主体状况。由于人们的慈善行为是由慈善意识支配的，社会慈善意识水平高，捐赠的人数自然就多，个体捐赠量也就大，否则相反。因此还可以说，在社会经济条件一定的情况下，人们的慈善意识状况决定了参与慈善捐赠人员的数量和质量，从而决定了慈善事业发展所需要的物质量，也就决定了慈善事业的发展状况。

本论之所以认为，在其他条件一定的情况下，慈善事业的发展情况取决于社会慈善意识水平，是因为社会慈善意识的差异会产生以下三条规律：

A. 在世界范围内各个国家的经济发展水平和其他条件相同的情况下，社会慈善意识好的，其慈善事业的发展一定快些、好些。否则就要慢些、差些。

B. 在同一个国家中各种社会经济条件基本相同的省、市、区内，群众慈善思想意识好的，慈善事业发展得就要好些，慈善捐赠量必然多些，否则一定差些、低些。中国南方一些省市慈善事业发展得较好，除了经济发达外，也是群众的慈善思想意识基础好，尤其是传统慈善文化根深蒂固。

C. 在同一个地区内条件相同的人群中，由于慈善意识不同，个人对慈善事业的捐赠量也会不同。慈善意识好的,捐赠量就多,不好的,就少。比如,同等条件的企业家或文体明星,有的捐赠就多,有的就少,有的一点不捐,根源在于慈善意识。对于普通自然人也是同样的道理。

综上所述,还可以这样归结,由于慈善意识的差异决定了慈善捐赠主体状况的差异。例如,在同一个世界相同的国家;在同一个国家相同的地区;在相同地区内的相同个人,由于慈善意识不同,慈善实践表现也一定有所不同。而主体资源状况不同又决定了慈善事业的不同。中国的慈善实践也充分证明了这些观点。近些年来由于思想解放,传统慈善文化复兴,人们慈善意识普遍提高,为慈善事业发展造就了大量的捐赠主体资源,传统的私益慈善全面恢复,参与公益慈善的群众数量迅猛增多,有力地推动了现代慈善事业突飞猛进的发展。这是不争的事实。

总之,慈善事业是人类的爱心释放与异化工程。社会慈善事业的发展必须有大量的慈善捐赠主体的存在,要有更多的人参与、支持和互动。因此,必须努力提高群众的社会慈善意识水平,培养造就庞大的利他主义者,发展扩大慈善捐赠的主体资源,促进现代慈善事业的发展。

第三节 慈善组织作为状况与慈善事业

本节阐述慈善组织作为状况与慈善事业的关系。本论研究发现,慈善组织作为状况也是决定慈善事业发展的因素之一。因为,慈善组织的作为是现代慈善事业发展的催化剂。这里所说的催化剂,是指适当的慈善组织及良好的作为,能促使慈善事业的资源和能量得到充分的发挥与利用。

催化剂,就是对某种具备一定内因条件的事物发生改变的外界因素。例如,鸡蛋经过孵化产生了鸡仔,粮食经过发酵产生了酒精,冷水经过高温变成了沸水。在客观世界里,当一切事物具备了内因条件后,它是否发生变化就由外因条件决定。所以,当现代慈善事业在社会物质条件和人们的慈善意识以及其他相关条件具备的情况下,其业绩和行业发展状况将取决于慈善组织及其工作状况。所以说,慈善组织的作为是慈善事业发展的催化剂。

现代慈善事业发展离不开慈善组织的催化。我们知道，现代慈善的行为方式多为复杂的公益慈善行为，捐赠主体的慈善期望和捐赠物质的送达，受捐主体的选择，往往要通过复杂的运作方式才能实现。随着现代慈善事业的发展，公益慈善项目数量不断增加，而且在捐赠行为中，捐赠主体和受捐主体的空间距离不断扩大，实体给付实现的时间也不断延长。另外，也需要慈善组织将分散的社会慈善物质资源集中到一起，以便转化为慈善能量，产生社会救助效果。所以，现代慈善行为对于慈善组织的依赖日益增加，慈善组织及其工作表现情况会严重影响慈善事业的发展状况。

说慈善组织作为是慈善事业发展的催化剂，可决定现代慈善事业的发展状况，具体表现在以下两大方面：

首先，慈善组织对现代公益慈善事业的桥梁作用。慈善组织是公益慈善的必要条件，是现代慈善事业不可缺少的桥梁和纽带。现代慈善事业的发展必然会催生与其相适应的慈善组织体系；这个体系包括各种形式的服务组织及其运作过程的链条，使社会各阶层、各慈善人士扩大了的爱心捐赠得到充分实现。例如，某扶贫基金会帮助某慈善家实现了将自己数亿元善款，捐给西部数省数千家贫困农民；美国的慈善家通过中国的慈善组织找到了他们的救助对象，将药品、轮椅等发放到了需要者手里。如果没有这些慈善组织的作为，这些慈善捐赠就无法实现。总之，顺应慈善事业发展需求产生的慈善组织，能帮助社会公益慈善行为的圆满完成。

其次，慈善组织的工作能有效增加慈善事业的正能量。慈善组织专业良好的运作与社会影响力，会增加慈善捐赠的正能量。第一，因为现代慈善事业的慈善行为中，多为复杂慈善方式的公益慈善，需要有较高敬业精神和专业化的人员去运作。而慈善组织及其工作人员具有相当的职业操守和专业水平，能够让捐赠人圆满实现其捐赠意愿和目标，收到满意的效果。第二，一般来说，慈善组织的天然性，都有着不同其他组织的影响力和信誉度，以及践诺守信等表现，会大大地提高人们的现代慈善观念和捐赠积极性，从而吸引更多慈善捐赠主体参与慈善。实践也充分证明，慈善组织及作为的影响力对慈善事业的影响十分重要，良好的社会影响力与其所起到的推动作用成正比。第三，慈善组织通过宣传鼓动，劝捐等公开募捐活动；

也会大大地调动和刺激社会慈善捐赠者们的积极性，有力地增加社会慈善主体资源，将社会分散的慈善物质资源集中起来，发挥作用。

但是，也必须一分为二地认识慈善组织作为的催化剂问题。因为，催化剂如果变质或使用过多或过少，都会对作用的对象造成伤害。事实证明，慈善组织的不当也会给慈善事业造成伤害，以至影响慈善事业的发展。第一，慈善组织与慈善事业不匹配，过多、过少、过滥都会对慈善事业不利；第二，慈善组织的失信或其不利的负面影响，也会给慈善事业造成重大损失。例如，2011年的"郭某某事件"就对当时的慈善捐赠造成了很大的伤害，其影响延续多年。由此可见，慈善组织欲对慈善事业的发展起到催化作用，必须做到组织的数量极其规模适度；保持应有的强大工作作用力和良好的社会影响力。

总之，慈善组织及其作为既对慈善事业发展有利，也会对慈善事业造成不利。所以，慈善组织作为状况是决定慈善事业发展的重要因素。

第四节　公民社会保障程度与慈善事业

本节阐述公民社会保障程度与慈善事业的关系。研究发现，公民的社会保障程度也是影响慈善事业发展状况的因素之一。本论认为，公民社会保障程度是慈善事业发展的加减法。

这里所谓的公民，即是社会中具有合法的自为民事行为权利的群众。社会保障即是人民若干生活问题的国家或民间供给。大家知道，社会保障来自两个方面，首先是政府的公益支付，其次是民间的慈善救助。然而，在任何一个国家和社会中，政府公益都是社会保障的主体，政府公益支付是公民社会保障的基本部分，民间的慈善救助仅仅处于补充的角色。所以，这里所说的公民社会保障程度，主要是指政府对于国民的各种社会保障的多少。如医疗、教育、扶幼、失业、养老等项的保障状况。这些社会保障状况的程度，会严重影响慈善事业的发展状况。

理论和实践都证明，公民的社会保障程度对社会慈善事业发展的影响主要基于两个方面：

第一方面，社会保障程度的变化对人们财富观念的影响。社会保障程度可左右人们的财富观念，进而决定人们慈善捐赠的主观情况。本论认为，人们对于财富追求、占有、储备的欲望与其当前和未来的生活情形有关。一般来说，当前和未来的生活来源不稳定无保障，人们追求财富收入和储备的欲望就高，尤其对于财富储备的欲望强烈。例如，在古代农耕社会，人们主要是追求粮食的储备，总是要防备灾年、荒年。在改革开放前市场经济不发达时，北方城乡群众每到秋季都要大力储备蔬菜，以度冬日。在社会保障低下时，人们定会积极追求财富的储备，在主观意识上不但要考虑自己的生老病死问题，还要为后代的诸多生活问题着想。所以，在社会保障不足时，拼命地挣钱、攒钱既为自己所需，又为子女所需的人们非常普遍。如果社会保障水平高，无后顾之忧，能够充分解决生老病死，子女养育等问题，人们对财富储备的欲望就会降低，施舍的意愿就强，否则相反。实践也证明，一些社会保障好的发达国家，人们攒钱、为子女留钱的意识就差，大捐、裸捐的人很多。近些年来，中国的经济发展了，不但人们的收入和生活水平普遍提高，社会保障体系也日益完善，人们的财富观念也开始转变，慈善捐赠意识大大增强，捐赠的积极性也在不断高涨，也出现了一些表示死后裸捐的企业家等。

总之，理论上的规律是这样的，公民社会保障程度越低，人们财富的占有和储备欲望也就越高，其慈善捐赠的欲望也就越低。反之，公民社会保障程度越高，人们财富的占有和储备欲望就越低，其慈善捐赠的欲望也就越高。

第二方面，社会保障程度变化对慈善物质捐赠数量的影响。大家知道，慈善行为的核心是物质捐赠，人们的捐赠物质必须来源于他们的剩余生活资料和再生产资料，而剩余资料的多少与社会保障程度有关。因为，人们对于物质资料的分配，首先要满足自己的必要生活和生产需要后，才能再用于其他方面的支付。必要的生活与生产资料除了个人的日常消费，还有失业、医病、养老、扶育子女、赡养老人等。人们只有扣除上述所需后，有了剩余才有可能捐赠。所以，在社会公民经济收入一定的情况下，社会保障程度越高、越好，其用于自己生存和发展的必要资料就越少，剩余物质资料就越多，可供捐赠的物质量也就越多，也就越有利于慈善事业的发展。否则相反。实践也证明，社会保障程度高的发达国家，其人均捐赠量要大大高于社会保障差的国家，更大大高于贫穷落后的国家。而且在那些公民们不为自己养老、子女生活而忧的国家里，裸捐、大捐遗产的人很多。

以上论述说明了公民社会保障程度与慈善事业发展的关系，证明公民的社会保障程度是慈善事业发展的加减法。

第五节 政府政策法规情况与慈善事业

本节阐述政府政策法规情况与慈善事业的关系。政府政策法规也是决定慈善事业发展状况的因素之一。国家及地方政府的相关政策与法律对慈善事业的发展影响极大，甚至会在短期内关系到慈善事业的根本生命。因为，政府的政策法规对慈善事业具有强制约束力，是促进或阻碍慈善事业的调压阀。

大家知道，一切政策与法规都是政府对于管理对象的强制措施。世界上任何一个社会形态中的各种事物和社会活动，都将受到政府的政策、法律法规的保护和约束。社会上任何事物的存在和发展，也都是一定空间内的社会公务，也都必须在政府的管理和监督下进行。慈善事业也同其他事业一样要受到国家政策、法规的保护和约束。尤其现代慈善事业的发展更需要政策法规的作为。然而，不同的政策、法规会对慈善事业产生不同的结果，甚至能决定慈善事业的生死存亡。

政府的政策与法规对于慈善事业的影响大体有以下三个方面：

A. 思想观念层面的影响。也就是一个国家及政府在思想政治上怎样看待和对待慈事业问题。这主要体现在思想意识领域里的方针政策上。改革开放前，一般都把实践中的传统慈善行为，仅以好人好事的理论来定性和对待。那时，由于人们慈善思想观念被束缚，谈不上什么现代慈善意识。没有现代慈善意识也就没有自觉的现代慈善行为。所以，民间中能够存在的慈善，也只是自为或少许的传统慈善等。自改革开发起，1994年《人民日报》将慈善在思想理论上被正名后，传统慈善思想观念才在中国又得到了复兴和发展。可见，政府政策法规在慈善思想领域里的影响是决定性的作用。

B. 物质捐赠层面的影响。也就是经济层面的影响。政府政策法规对物质捐赠层面的影响有两个方面。第一，对于慈善捐赠主体和慈善组织的税收政策。例如，对于捐赠项目的各种税收规定等。政府对慈善组织和捐赠人的税金政策，会直接影响捐赠者的积极性和慈善组织的生存能力。所以，良好适当地捐赠免税政策，会有效地促进慈善捐赠者的积极性，增加慈善捐赠的物质量和有利于慈善组织的生存发展。第二，对慈善项目运作费用的政策法规。科学适合的慈善运营费用提取办法与使用规定，能够有效保证慈善组织的生命力，保证其坚持不断地为公益慈善行为服务，顺利完成慈善物质的捐赠过程，促进现代慈善事业的发展。否则相反。这里尤其指出，慈善组织的管理费用标准科学与否极其重要。管理费用的本质是捐赠善款的扣除，如果标准过高就要减少善款的数量，影响社会救助的效果。如果过低就无法保证慈善组织的运营，甚至倒闭，从而影响公益慈善事业的发展。确定慈善组织管理费用标准是政府对慈善经济政策的重要任务。以上说明，政府经济政策对于慈善事业发展状况的影响。

C. 对慈善组织建设层面的影响。政府对慈善组织与管理层面的政策法规，也对慈善事业的发展具有相当大的影响力。没有相当规模，并与慈善事业发展相适应的慈善组织，现代慈善事业很难发展。政府政策法规对慈善组织发展的影响主要有两点：一是准入规则。政府对慈善组织的登记政策法规，直接关系到慈善组织的状况。比如，对于慈善组织的设立标准、登记办法、运营规则等规定非常重要。这些规定情况对于慈善组织体系建设影响极大。门槛过高会严重阻碍一些社会组织的进入，过低又会造成行业混乱。以前，国家规定对于公益慈善组织必须要有业务主管部门，就使许多很好的社会慈善组织无法登记而拒之门外。最近，《慈善法》规定公益慈善组织可以不需主管部门直接登记。这一规定为公益慈善组织的发展打开了方便之门，有力地促进了慈善组织的增加。二是监督保障规则。政府对于慈善组织的行为监督也很重要，例如，法规要求慈善组织要信息披露，善款使用要公开透明等，对慈善事业的发展十分必要、有效。良好的监督能够有力地保证慈善组织和相关慈善行为的健康运行，从而保证慈善的良好形象。慈善组织发展状大并且形象好，必然有利于促进慈善事业的发展。

以上论述阐明了政府政策法规与慈善事业发展的关系，也证明了政府的政策法规是慈善事业发展的调压阀。

另外，还应指出，政府对于慈善事业的影响除政策法规外，还有对于慈善事业的宏观和微观的日常行政调控，尤其对于具体慈善实践的调控作为也非常必要。例如，对于慈善活动中出现的一些偏差和供求矛盾等问题，政府的慈善主管部门及时发布政令给予调整；对于重大自然灾害集中性救助也需要政府的调控与指挥，否则会出现混乱，造成资源浪费等问题。现代慈善事业不能无政府，不能无法规。

第六节　国际慈善的作用与慈善事业

现在，本论阐述国际慈善作用与慈善事业的关系。国际慈善作用也是决定慈善事业发展情况的因素之一。这里的国际慈善作用是指世界各国慈善事业的相互影响与支持。研究发现，国际慈善作用是慈善事业发展的添加剂。

慈善事业是世界各国普遍存在的事物，而且是一个相互影响和支持的事业。慈善事业尤其现代慈善事业的发展，产生了一定的国际互通、互联、互帮、互促，起到了相互影响和支持的作用，从而为各国慈善事业包括中国的慈善事业增加了正能量，有利地促进了各国和中国慈善事业的发展。国际慈善事业的影响与支持主要表现在以下四个方面：

A. 慈善思想观念上的影响作用。这方面主要是早年来源于外国的宗教慈善思想，和近年来的现代慈善理论观念的传入。例如，佛教、基督教、天主教等慈善思想观念的传入，进一步充实了中国的传统慈善文化，有力地促进了中国传统慈善意识形态的形成和发展。近年来在慈善思想理论观念上影响更大，已对中国现代慈善思想意识的产生起到了很大的影响作用。

B. 慈善行为经验上的影响作用。这主要是对国际慈善事业先进经验的学习和引进。现代交通、通信等事业的发展，为发达国家的现代慈善事业运行经验的交流提供了方便，使世界各国之间始终保持慈善行为经验的互通交流，相互影响促进。中国业界人士通过学习考察、国际会议、媒体传递等方式，获取或拿来了大量的国际先进慈善事业运行的经验。目前，中国每年都有一些外国慈善运行经验方面的书籍被翻译出版，而且国外知名慈善组织的运行经验也不断地传入中国。这些均有力地充实了中国慈善事业发展的软实力，对促进全国慈善事业的发展大有益处。

C. 政策法规及管理办法上的影响作用。一国的各种法律与法规对于他国均能产生一定的影响和借鉴，尤其在慈善事业上，发达国家有关公益慈善方面的政策法规，对于欠发达国家和地区的相关法制建设，起到了重要的参考作用。各国一般都在借鉴国际慈善管理制度，结合自己的国情与政治体制，制定相关的法律法规。中国在慈善法规建设方面也积极吸收了发达国家的办法，有力地推动了公益慈善法规的建设和完善。

D. 慈善物质捐赠实践的支持。慈善是全人类的共同事业，国际间的慈善捐赠与救助是经常存在的。历史上一些发达国家的慈善组织，给予中国许多慈善物质捐赠。例如，从明末清初就有一些来华慈善办学、办医的民间团体和人士。近些年来，每年都有来自国外的慈善资金、医疗技术、药品等捐赠和救助。这些物质上的支持提升了中国慈善救助能力和水平，有力地推动了现代慈善事业的发展。中国慈善界在这方面，也对国际慈善事业作出了积极的贡献。

以上告诉我们，国际慈善事业与中国慈善事业的发展关系，说明了国际慈善事业的影响与支持是中国慈善事业发展的添加剂。

第四章 慈善行为成本与慈善行为效果

现代慈善事业必须讲究成本与效果。慈善行为成本与效果，也是必须研究和认识的两个慈善理论问题。因为，成本与效果具有一定的关联性和本质性，所以，本论把这两个问题放在同一章里研究和阐述。下面就来研究和探讨慈善行为成本与慈善行为效果。

第一节 慈善行为成本

现在，由于理论上对慈善成本问题缺乏说服力，使一些捐赠者对慈善成本的认同性不足，对捐赠扣除或收取管理费等不太理解。另外，对于其他慈善实践也需要慈善成本理念作为指导。因此，在理论上研究和确立慈善成本论，对现代慈善事业的实践十分重要。本论就在这一节里研究和阐述慈善行为成本问题。

一、慈善行为成本的一般理论

当前非常需要解析清楚慈善成本理论问题，并确立科学的慈善成本论体系及相关问题的学说。

（一）慈善行为成本的概念

成本是经济学概念。同样，慈善成本也是个经济问题。本论把慈善行为的耗费总和称为慈善行为成本，或简称慈善成本。经济学范畴的成本，是指人们从事某种产品生产或社会服务项目所付出的物质耗费。这些付出和耗费根据其运作形式，可分为各种不同的成本。如生产成本，销售成本，运输成本，研发成本，劳务成本等。慈善行为也是一个社会过程，某种捐赠活动或项目从开始到结束，都需要人的活劳动和各种物化劳动的耗费。尤其公益慈善项目的运作，所要耗费的物化劳动和活劳动均是不可避免的。这些慈善活动的耗费也就形成了慈善成本。

慈善成本属于社会两大门类成本之一的服务成本范畴。大家应当知道，从经济学成本论来讲，成本的最高等级应当分为两大类型，即生产经营成本和服务成本。各种工农业产品生产的耗费是生产成本；商业经营及各种服务行业的经营耗费为服务成本。狭义的慈善运作也是一种服务，是慈善服务业。所以，慈善行为的耗费，应当属于服务成本范畴。

（二）慈善成本论不容置疑

理论和实践都证明，无论是简单慈善还是复杂慈善，或多或少都要产生一定的支出和耗费，都要有成本。首先就拿简单慈善方式来说吧，虽然其交付过程简单直接，但有些行为也要耗时费力，才能实现物质给付。例如，张老三送给李老四一百斤大米，从张家到李家存在三公里的距离空间。所以，这一百斤大米捐赠物，从张家移到李家，一定需要有一点物质的耗费和人力、时间的支出才能实现给付。否则，捐赠物不会自行到达李老四家里。而现代公益慈善行为中，复杂慈善的捐赠方式所耗费的支出就更大了。例如，张老三委托某慈善组织，把自己的一千辆轮椅捐赠给千里之外某省市的千位残障人士。这样，慈善组织从对捐赠对象的选择到捐赠物的位移，再到发放完成，必然要耗费大量的人力和物力。这种捐赠实现要比乡村间赠送一袋大米耗费的成本高得多。一般来说，简单慈善的运作成本绝对低于复杂慈善；反之一样。所以，慈善行为的"成本论"是成立的，是不可怀疑和动摇的。另外还应当指出，慈善成本是慈善捐赠物质价值的扣除。因为慈善组织的运行费用要由自己承担，羊毛必须出在羊身上。

二、慈善行为成本类别

慈善不但有成本，而且还存在着一个复杂的成本体系或系列。根据慈善行为性质和过程的物质耗费情况，本论将慈善成本分为直接成本、间接成本、私人成本、个别成本、社会成本、隐形成本、经营成本七个类别。下面就来分别解读：

（一）直接慈善成本

直接慈善成本就是直接用于某种项目运作所发生的专项费用。其中包括人工费，交通运输费、仓储费等各项物质消耗。直接成本也是慈善行为的主要或基本成本。

（二）间接慈善成本

间接慈善成本就是为了用于某种单个项目运作的公共分摊费用。例如，办公费、房屋水电费、设备折旧费、公共服务与管理费用等。这些费用一般用分摊的办法进入成本。

（三）私人慈善成本

私人慈善成本即是传统慈善中简单慈善运作成本。这种成本一般是捐赠者自行运作所产生的消耗。因为简单慈善一般属于私益慈善，其行为消耗往往不被计算，或忽略不记。

（四）个别慈善成本

个别慈善成本也就是单个慈善行为的费用支出情况，也可以称为单个成本。个别慈善成本也是社会成本的基数。个别慈善成本可以分为个别项目成本和个别慈善组织成本。

（五）社会慈善成本

社会慈善成本就是某个空间与时间内慈善行为的耗费情况。社会成本是各个单个成本的平均。也可以说社会个别慈善成本的平均情况为社会慈善成本。社会慈善成本也是社会慈善行为的必要成本。设立和考核社会慈善成本具有这样的意义：第一，慈善的社会成本是慈善组织的生命线。因为，慈善组织的个别成本高于社会成本，其运行结果必然会产生亏空，反之，低于社会成本必然会产生剩余；第二，社会慈善成本也是政府对慈善行为制定服务费用标准的依据，政府制定慈善服务费用一定要以社会成本为准；第三，社会捐赠者也往往根据社会成本与慈善组织商定委托费用的标准。

（六）隐形慈善成本

隐形慈善成本就是为了某种项目运作而产生的，不被公开记入账目的费用。比如，某种活动中有些志愿者的劳务付出；其他慈善组织及有关单位，为相关慈善行为的人力、物力的付出。据了解，某全国性慈善组织每年冬季两节期间开展的送温暖活动，除了活动主办方要有成本付出外，还要有省市县乡的人员参与并付出耗费。往往参与者的隐形成本，要相当或高于主办方的公开成本。主办方出席人员的规格越高，其参与单位的人员规模也就越大，其隐形成本也就越高。

（七）慈善经营成本

慈善经营成本也就是慈善商业的运作成本。慈善商业的生产经营过程同其他商业一样要有投入产出，也必然要有成本问题，这是显而易见的，不须多论。

三、慈善行为要讲究成本

以上的论述大家已经知道，慈善不但有成本之说，而且还有成本系列和一套成本体系。成本是慈善行为中的重要经济问题，慈善行为必须讲究成本。

（一）慈善行为讲究成本的必要性

慈善成本也是慈善行为的经济成本。慈善行为的最基本表现是经济上的收入与付出，不讲究成本的盲干乱干是不行的。实践中也往往存在着很多得不偿失的慈善行为问题。例如，有些废旧利用的慈善项目就存在着很大的成本核算问题。有资料显示，一些旧衣物的回收、清洗、保管、运输、发放等成本很高，有的甚至达到或超过了购买新的水平。有人还曾质疑，某废旧纸张回收捐赠项目的成本问题，认为由于回收的物品价值低、分散，收集起来的人工、保管以及运输费用较大，可能要超过物品本身的价值，从成本角度来看这样的项目，所获的价值与所产生的各种成本比较，是否值得很需要研究。据说，2008年"5·12"汶川大地震时，在北京就曾经发生过这样一件事，京郊的一位瓜农拉着一车西瓜，送到北京某慈善会，要求将其运到灾区捐给灾民。这显然不符合成本要求，后被劝返。

讲究慈善成本是否合算还有两个问题。第一，绝对价值问题，也就是某行为自身的收入与付出的比较。第二，相对价值问题，也就是此项目与彼项目的比较，换句话讲是同样的成本耗费是用于此项目好，还是用于彼项目好。相对成本比较法，对慈善组织的个别成本很有意义。国外慈善理论方面的学者很重视对慈善行为比较成本问题的研究。

（二）讲究慈善成本的实践意义

慈善行为讲究成本，对现代慈善事业的实践非常重要，主要有以下四个方面的作用：

（1）有利于捐赠者接受对于管理费用的提取。对于慈善物质捐赠者来说，良好的成本观念，会使其愉快接受慈善组织对其项目费用的合理提取，不会再对慈善捐赠扣除管理费用产生质疑。或对其物资捐赠另收货币运行费用不好接受。从而也有效地解决了实践中一些人，对慈善管理费不理解的问题。

（2）有利于捐赠者对捐赠物的成本选择。树立慈善成本观念，能使某种物资所有者捐赠人，实施捐赠前进行成本比较，尽可能地选择运作成本合得来的物资捐赠，减少慈善组织的不必要麻烦和浪费。

（3）有效提高慈善组织的经济效能。对于慈善组织来说，讲究成本能够保证良好的运营。否则，不顾成本的盲干，使自己的个别慈善成本高于社会慈善成本，势必造成亏损，以至慈善组织关门。相反，如果慈善组织能够做到自己的单个慈善成本低于社会成本，一定会使其管理费用剩余，使自己的组织财务自由。

（4）有利于政府对慈善行为的科学调控。成本论可以使政府主管部门科学把控社会慈善行为。由于中国国情决定，一些官味的慈善组织往往不计成本地推行一些慈善项目，势必造成很大的社会浪费。讲究慈善成本可以促使政府业务主管部门认真监督和调控大规模的社会慈善行为项目，可对不顾成本的浪费社会物质资源的作为禁止，能有效地促进慈善事业的发展。

四、决定慈善行为成本的因素

讲究成本的目的是为了降低成本。任何一种慈善行为，都是成本越低越好。同一数量的慈善捐赠价值量，因运作的方式方法不同，其所产生的行为成本也不同。了解慈善行为的成本变化规律，或知道决定慈善成本的因素，是我们降低成本的理论基础。本论认为，慈善成本是由以下四点因素决定的：

（一）社会物价与劳资水平

这点不难理解，在社会其他条件一定的情况下，市场物价与劳资水平高，其慈善成本也一定高，反之就一定低。

（二）慈善捐赠物质属性

我们知道，慈善捐赠物质有三种属性，即货币、物资、劳务。一般来说，便于管理和位移的物质，显然要比其他属性相反的物质成本消耗少。否则相反。

（三）受捐主体的具体情况

受捐主体即是慈善物质接受者。受捐主体与慈善组织或捐赠主体距离远，受捐对象多而且分散的，一定要比距离近，受捐对象少且集中的慈善行为消耗要多，成本要高。否则一定相反。

（四）慈善组织的具体操作方式

慈善组织的操作方式与办法，对于慈善成本会有较大的影响。比如，同样一个项目，甲用 5 个工作日即可完成，而乙却用了 10 个工作日才能完成，后者显然比前者多支出了 5 个工作日的劳务，增加了一倍的个别人工成本。还有，假如对于物资捐赠的位移来说，由于包装形式和运输工具的选择差异，甲种办法需要一千元，而乙种办法则需要二千元，后者比前者的成本也要提高了一倍。慈善组织的运作方式是影响慈善成本的重要因素。

以上说明了决定慈善成本的四个因素。我们知道了决定慈善行为成本的因素，就不难掌握降低成本的办法，在此不必详述。

第二节　慈善行为效果

慈善行为既要讲究成本，也要讲究效果。在理论上全面认识和掌握慈善行为效果问题，对于现代慈善事业的意义重大。本节就来讨论慈善行为效果。

一、慈善行为效果的概念及意义

慈善行为效果也可称为慈善成效，我们这里还是称为效果。为了阐述方便，以下可将慈善行为效果简称慈善效果。

先来解释慈善效果的概念。大家知道，慈善行为即是社会慈善活动过程的实践表现。慈善行为效果，也就是单个慈善过程后所产生的成效或结果。效果与效益不同，但效果在某种对象中也叫效益，比如，在对经济行为业绩表现时也往往称为效益，其含义一样。效果是人类一切有目的社会实践活动的共同追求。例如，工人做工要计算时效，也就是要计算在某个单位时间内生产出的产品数量。打字员打字的工作要计算每小时的打字数量。其他重大社会工程行为也有效果问题。例如，开通一条公路或者铁路，也要考察其所发挥的运输作用和对社会发展带来的益处情况。

慈善行为必须讲究效果。慈善的效果也是现代慈善事业中必须重视的重大理论和实践问题。由于慈善是一种社会人道主义救助或利他主义行为，与产品生产和商品交换的经济活动不同，其效果问题往往被忽略。尤其在传统慈善方式中，人们的慈善行为一般均为简单慈善，捐赠规模小，慈善行为中两个主体的空间距离近，所耗费的支出一般属于私人成本，效果问题不讲究。现代慈善与传统慈善不同，不能不讲效果。现代慈善事业必须把慈善效果放到重要位置上。最近有一本译著叫《行最大的善》，是由澳大利亚学者彼得·辛格著述。该书重点强调和论述了慈善行为的效果问题，提出了很多讲究效果的方法，对现代慈善事业的实践行为具有一定的指导意义。现代公益慈善行为是一个社会过程，也就必然会在每个行为中存在着各种复杂的关系，慈善行为越复杂，其中的各种关系也就越复杂，慈善行为的复杂程度与其关系的复杂性成正比。慈善事业越发展，慈善形态越进步，慈善行为过程也就越复杂。然而，越复杂的慈善行为其效果问题就越突出，就越要讲究效果。

实践证明，任何一种慈善行为都存在着效果问题。慈善行为由于各种因素的作用和慈善组织运作方式的差异，社会对慈善活动管理水平的影响，同样价值量的捐赠物质，往往所产生的救助效果不一样。我们就拿救灾来说吧，假设，同样是十万斤粮食，如果分配合理、科学，可解决二千名灾民的问题，如果不合理也可能只解决了一千名灾民的问题。再者，如果在运输和分发过程中发生了损失浪费等问题，其救助效果还会减少。还有，投放的物资超过了实际需要，或者分给了不需要的人，也是一种浪费，没有起到良好的捐赠救助效果。

二、慈善行为的六种效果

本论认为，慈善行为效果有六个类别：即救助效果、社会效果、心理效果、现实效果、未来效果、经济效果。下面就来分别阐释：

（一）救助效果

救助效果是指一定的慈善物质量所能发挥的社会救助情况。在一定时间和空间内，社会慈善救助的物质数量是有限的，做为慈善救助的物质投放人，应当尽力使救助物质效用最大化。实践中往往因某种原因，会使救助物质发挥的作用不好或浪费等情况出现。例如，据有关资料显示，在农村有的贫困户会重复收到棉衣、棉被的捐赠，造成了多余，而有的地方却存在着此种需求的贫困人员得不到捐赠。还有一些地方的中小学生，重复收到了多个捐赠书包，而有些地方贫困学生却得不到这些需要的物资。另据介绍，有个地震灾区因获捐的物资结构不合理，造成许多物资派不上用场，致其发霉腐烂，这种现象不少。还有，最近兴起的网上慈善众筹活动，也出现了获得的善款大大超过了其实际需求的现象。以上种种捐赠行为都是对社会慈善资源的浪费，影响社会慈善救助效果。

救助效果还有一种情况，相同的物质投放不同项目或投放的方式不同，其效果也不一样。

（二）社会效果

这里所谓的社会效果，也就是慈善行为实践所产生的社会影响力。慈善事业与其他事业不同，由于该种事业的实践活动，不仅仅只是经济上的救援，还更多地体现人与人之间的关系，政府与人民的联系；体现人类社会中人性的本质，以及慈善的思想理念等。所以，每一个具体慈善行为不但完成了慈善物质的给付，还要让周围的群众感到实施者的行为恰当，感受到慈善的魅力。同时也要让一些关系人受到爱心的洗礼，唤起爱的行动，增加社会慈善主体资源。如果我们实施的救助行为不恰当，就会造成不良的社会影响。比如，在同一个村子里对饥民进行食物救助，全村有50个同等情况需要救助的人，却只救助了其中的30名，或者在救助的30名中，还有一些困难程度相对其他饥民较轻的人，结果必然会引起不良的社会效果。同时也制造了相关的社会矛盾，影响了慈善的社会形象和公信力。

（三）心理效果

也称精神效果。这里所说的心理效果，也就是慈善行为中受助主体的心理感受。我们知道，慈善行为中有两个主体，捐助主体当他把慈善物质捐出后，心理一般会有一种满足感、荣耀感。而受助主体的心理感受一定不是这样的，往往会因为自己的弱势地位而自卑，虽然得到了一点救助，口中不断说些感谢的话，但其心理感受还会有难受的一面。如果我们在慈善给予中采取了不当的方法，就会给受助者造成心理伤害，在做了善事的同时，又做了一件恶事。例如，在某高校发放困难学生救助金时，为了搞清学生的困难情况，竟然让大家集体摆穷，有些学生为了脸面，宁肯不要救助，也不参加摆穷活动。在实践中伤害受助者心理的事情时有发生。好多慈善组织每逢发放一点救助就要搞仪式，让什么贫困母亲、贫困学生、残障人士等上台领取，又登报又广播，受助者的心理感受是可想而知的。这样，虽然在物质上对他们是给予，但在精神上却是伤害。

（四）现实效果

现实效果，也就是立即实现的效果。比如，送给正在处于饥饿中的某人一个面包，将摔伤的老人立即扶起送到医院。还有在短时间内所能达到的其他各种救助效果。例如，救灾中的各种生活物资的发放等。现实效果也是慈善行为常见的较多的救助行为。凡是授之以鱼的慈善行为获得的都是现实效果。从自为慈善到传统慈善的行为，慈善惠及人所获得的一般都是现实效果。纵观慈善事业史，越往前追溯，其慈善行为中的现实效果情况就越多。

（五）未来效果

未来效果即是慈善行为作用的迟后发挥。也就是不能马上见效，但未来能见更大效能的慈善行为，或者说是授之以渔的项目或行动。例如，为了某种事业而投入的建设善款，还有慈善组织在各地农村开展的种植业、养殖业扶贫项目的投入。最近还兴起了信息、文化等扶贫项目。随着现代慈善事业的发展，慈善事业会越来越多关注和开展未来效果的慈善行为。未来效果慈善行为的发展与扩大，是慈善事业进步的表现。未来效果的增多也是现代慈善发展的必然趋势。

（六）经济效果

这里所说的经济效果主要是指慈善组织或慈善项目出资人的慈善经营效果。慈善经营效果虽然不是直接的慈善行为效果，但它也是慈善组织或慈善出资人为了实现慈善资本积累，让慈善资金增殖，或通过慈善商业经营实现慈善目的，从而更好地进行慈善和再慈善的一种行为。这种行为对于慈善事业的可持续性发展，增加社会救助量非常重要。这些慈善行为必须讲究经济效果，经济效果是其生命线。今后，随着现代慈善事业的发展，慈善运营的不断创新，慈善基金数量的累进，慈善经营量的增加，经济效果问题将日益突出。经济效果是一切社会经济活动普遍追求的指标。慈善在经营这一点上与一般企业的性质是一样的，必须追求经济效果的最大化。所以，本论把经济效果列入了慈善效果范畴里。

从慈善行为性质来看，在以上的六个效果中除经济效果外，救助效果是核心，是基本效果。因为救助效果反映了救助的方方面面。也可以说社会效果、心理效果、现实效果、未来效果也都是救助效果的单个侧面。还有，一个慈善行为中往往存在着多种效果问题。例如，在对贫困学生的救助中，不但存在经济效果、救助效果问题，还有一个心理效果问题和社会效果问题。

以上论述也告诉我们，慈善活动不是一个简单的社会工作。慈善行为过程存在着诸多效果问题，其复杂性、严肃性大大超过了经济活动或其他社会工作。同时也说明慈善工作中存在着诸多科学问题，需要认真谨慎地处理。

三、提高慈善行为效果办法

研究慈善行为效果的目的，是为了努力提高慈善行为效果，更好地促进慈善事业的发展。提高慈善行为效果也是一个极其复杂的问题，但一般来说应当遵守以下七项原则：

（一）凡事要讲究效果

这里所讲的凡事即是针对每个具体慈善行为。慈善组织也好，某个社会捐赠主体也好，在从事慈善行为动作之前，都要有效果观念，都要考虑慈善行为后的效果问题。要把讲究效果问题作为一种观念、一种守则、一种自觉行为。

（二）增加科学性减少盲目性

慈善尤其是现代慈善已经是一个复杂的社会工作。对于复杂慈善行为的公益慈善项目必经进行科学论证。要事先进行各种效果的考察、分析、评估，增加科学性，减少盲目性。要坚决克服靠领导拍脑袋决策的不良方法。

（三）增加人性和人权思维观念

慈善行为许多是直接的人性关怀表现，这种关怀必须考虑到人的特点和属性。例如人的尊严、隐私、世俗观念、民族习俗、宗教信仰等问题。绝不能在做了好事的同时又干了件坏事，让受助者为了解决燃眉之急，而被迫接受伤心的给予。

（四）努力提高慈善组织及工作人员素质

现代慈善中的一般慈善行为均由慈善组织承担。慈善组织及其工作人员的素质问题，对慈善行为的效果影响极大。努力提高慈善组织及工作人员的素质非常重要。慈善组织一定要加强自我提高，加强对员工的培养、培训工作，以适应现代慈善事业发展的需要。

（五）设立协调组织和信息交流平台

可针对社会慈善组织复杂多样，慈善的资源所有者分散、过多等情况，适当地设立慈善资源协调组织或机构，建立信息共享平台，以提高慈善行为的救助效果。据介绍，现在有的地方已经成立了"融慈善发展中心"，以此实现信息互通，避免慈善资源浪费问题。

（六）提高捐赠人的觉悟和选择观念，精准选择最佳慈善组织或项目捐赠

要让慈善物质捐赠人有慈善效果意识，在实施捐赠时慎重选择和考核接受捐赠的慈善组织或救助对象。要进行必要的效果对比，力争把有限的慈善物质捐给最好的慈善组织或慈善项目，保证发挥慈善物质善能最大化。一定要克服盲目捐赠，随意捐赠。不要把慈善物质捐给信誉不好、效果不佳的慈善组织或项目，这也是提高慈善效果的重要一环。

（七）政府加强监管，制定强制性法规

慈善事业不能无政府，政府的监督管理，也是提高慈善效果的重要手段。政府可以对慈善行为的效果问题制定政策法规，强制慈善组织执行。比如，规定慈善组织和个人对救助者的物质发放，不得公开进行，不得将其曝光。严令一般不得随意举行捐赠仪式，搞公开仪式的要经有关部门批准等。同时，要发挥政府对于大规模慈善活动的相关调控作用，尤其加强对重大灾害救助的统一指挥与管控。

第三节　慈善成本与慈善效果的关系

前面的论述已经分别阐明了慈善行为成本与慈善行为效果问题。现在我们再来研究一下，慈善行为成本与慈善行为效果的关系。

一、成本与效果是同一慈善行为的两个方面

慈善成本与慈善效果，是从不同角度、方面考察和反映同一慈善行为业绩状况的指标，这也是二者本质的同一性。

大家知道，任何慈善行为不但存在着成本问题，而且成本问题对于慈善事业极其重要。我们不但要在理论上研究成本，还要在实践中讲究成本，计算成本，努力降低成本。

我们还应知道，任何慈善行为都应讲究和关心效果问题。慈善行为的目的是获得效果，没有效果的慈善行为是个失败行为、归零的行为。在主观上慈善行为的实施者都应把效果最大化作为自己的出发点。

然而，成本与效果同时存在于一个慈善行为中。也就是同一个慈善行为存在着两个问题。而且，对于同一个慈善行为结果来说，成本越低越好，效果越大越好。追求和实现同一慈善行为的低成本，大效果或高效果是慈善事业发展的绝对真理。对于同一个慈善行为，慈善成本与慈善效果二者相逆程度越大，其效益与效果就越好。同一慈善行为中二者的结果，逆向一定好于相向。

二、慈善行为成本影响慈善救助效果

本论研究发现，慈善行为成本与慈善救助效果存在着紧密型关系，或者说是必然性的关联。一面的增多必然是一面的减少，否则相反。

大家已经知道，慈善救助效果是慈善行为效果的核心或基本效果。慈善成本的降低可以有力地提高慈善救助效果。

大家还应知道，慈善行为成本消耗的物质来源是慈善捐赠的一部分，是善款或善物的扣除。降低慈善运行成本，也就等于节约了慈善物质的耗费，从而增加了可用于救助的物质数量。这样，在一定时间内社会慈善物质价值量一定的情况下，慈善运行成本越低，用于社会救助的价值量就越大，发挥救助的效果也就越大，反之就越低。慈善成本的高低与慈善救助效果的大小成反比。

以上说明慈善成本与慈善效果的紧密关系。

三、慈善经营成本决定慈善的经济效果

慈善经营成本与慈善经济效果是一对紧密型关系。慈善经营也是广义的慈善行为。经济效果也叫经济效益。从慈善经营上来看，慈善经营成本直接影响慈善组织或投资人的经济收入，影响慈善经营的经济效果。

（一）慈善经营必须讲究经济效果

一般来说，慈善事业的存在与发展必须以物质条件为基础，一个没有经济财富作为支撑的慈善组织是无法开展慈善活动的。即使一个志愿服务组织也要或多或少的有些经费和志愿者的活劳动。然而，这个道理对于慈善经营更为重要。慈善经营活动更应该讲究经济效果，努力增加收入，节

约各种开支,才能保障慈善经营的进行和再进行,不断增加发展活力。否则,就会使慈善经营组织陷入经济困境。

(二)慈善经营成本不能超过社会必要成本

慈善经营讲究效果的基本办法就是降低成本,经营成本不能超过社会必要成本。社会必要成本是经营活动的底线。按照经济学理论,成本是企业的生命线。产品生产与服务只有等于或低于社会必要成本才有剩余,才能取得经济效果,从而实现再生产或再经营。对于慈善经营者来说,经营成本就是经济效果。成本状况直接关系到经济效果的大小。成本低,收益就高,成本高,收益就小。所以,慈善经营活动必须努力降低成本,达到生产经营成本不能超过社会必要成本,保证最好的经济效果。降低成本是提高慈善经营效果的基本手段之一。

第五章　慈善事业组织与慈善事业工作者

大家知道，当前慈善已经成为一种社会事业，慈善事业组织及其工作者是慈善事业的主要表现形式。慈善事业组织由慈善组织与慈善关联组织构成。同样，慈善事业工作者也包括慈善组织工作者与慈善关联组织工作者。理论和实践都证明，没有慈善事业组织和与之相匹配的工作者，就没有现代公益慈善事业的发展。也可以说，现代公益慈善事业离不开慈善组织和关联组织，也离不开与之相匹配的工作者。本章就来研究这两个问题。

第一节　慈善组织范畴、特质与生命力

本节先说慈善组织。大家知道，本论在第三章第三节里已经说过，慈善组织及其工作是决定慈善事业发展的因素之一，慈善组织建设情况对促进慈善事业发展十分重要。这里，就对慈善组织的类型、特质与生命力等问题进行研究和阐述。

一、慈善组织的范畴

知道慈善组织的范畴与类型，是研究和掌握慈善组织全貌的基础。我们的阐述就先从这里开始。

（一）慈善组织的定义

根据《慈善法》对慈善组织的法律定义是这样的："慈善组织即是依法成立的，符合《慈善法》规定，'以面向社会开展慈善活动为宗旨的非盈利组织'"。本论从慈善学范畴还可以这样定义：慈善组织即是以从事慈善行为为宗旨的非盈利单位。同时，本论认为，慈善组织是慈善事业的

主业组织，是慈善事业组织体系的主要部分，也是慈善事业发展的催生物，又是现代慈善业发展的催化剂。慈善组织的产生和发展是现代慈善事业的重要标志之一，也是现代公益慈善事业不可缺少的桥梁和纽带。

还应明确，慈善组织也是社会组织的一部分。但慈善组织不等同于社会组织，因为有些社会组织不是慈善组织。慈善组织是公益组织，又不等同于公益组织，因为有些公益组织也不是慈善组织。例如，有些公益性社会团体，虽然属于社会公益组织范畴，但不是慈善组织。

另外，本论在第一章第二节里关于慈善与公益的论述，已经在理论上解决了慈善与公益的区别问题，这里不再对慈善组织与公益组织的关系再行探究。

（二）慈善组织类型

本论根据《慈善法》规定和当前中国的慈善实践情况，从慈善学范畴把慈善组织分为法定类型和其他类型两种。

（1）法定类型。这里所说的法定类型即是《慈善法》中明确规定的慈善组织表现形式。按照法律规定，慈善组织共有三种类别：一是基金会，也就是实际开展社会慈善救助等活动的组织机构；二是社会团体，如各种慈善性质的学会、协会、研究会、促进会、联合会等；三是以慈善为宗旨的社会服务机构，也就是慈善性质的民办非企业单位，如养老、扶幼等机构。当前在这三种类别中，基金会社会实践历史较长，属于成熟类型。而社会团体与社会服务机构还是刚刚纳入慈善范畴，实践中还处在转换的探索过程中。

基金会是慈善组织的核心。基金会又分为公募和非公募两种。所谓公募基金会是指其具有公开面向社会一定范围内不确定对象募集善款资质的慈善组织。例如，从中央到地方的各级慈善会，还有各人民团体主办的基金会等。公募慈善组织的慈善会又分为全国性与地方性两种。地方性的只能在其自己的区域内公募，不得跨界开展募捐。各级慈善会不但是公募慈善组织的主体，也是整个慈善组织的主体。所谓非公募基金会也称私募基金会。即其善款是由特定的捐赠主体提供的基金组织。这种基金会不能面向社会不确定的对象募集善款或善物。但私募基金会可以在运行一个时期后经批准转为公募。私募基金会一般都是某些企业或企业家，还有社会上的各界名人等出资设立的。这些组织基本上都在基金会的前面冠以出资主体的名字。出资人是法人的冠以法人名称，属自然人的冠以自然人名字。非公募基金会里也有宗教界出资兴建的基金会，这些组织的名称就冠以其宗教团体的名字。

以上是法律意义上的三种慈善组织类型。

（2）其他类型。其他类型慈善组织也就是俗称的草根慈善组织。这种组织不是法律意义上的慈善组织，不享受相关待遇，但也是以慈善为宗旨开展相关慈善活动的纯民间自发组织。这主要是社区、乡村、企业、家族以及其他社会群体，自行设立的救助基金会，环境保护或志愿服务团队等。这些组织不在政府登记注册，不在社会上公开募捐，只在单位内部或熟人中募集财物，面向特定对象提供救助或帮扶，开展某种社会公益活动。这些组织的活动虽然是传统慈善或现代民间草根性质的公益慈善行为，但其现实作用也是非常重要的。据介绍，近年来随着人们慈善意识的普遍提高，民间自发成立的各种慈善帮扶和环保等志愿组织日益增多，这些组织虽然体量小但数量多，也能形成较大的民间慈善力量，开展有效的慈善行为。也可以认为这种慈善组织是法定慈善组织或慈善事业的补充和助手，也是社会慈善事业不可缺少的一部分。也应当积极支持和鼓励。

当然，对于慈善组织的分类不是仅有以上一种方法，还可以从其他不同角度，采取各种不同的分类方法。比如，按区域分类法，可以分为全国、省、市、县等。按其业务内容分类法，还可以分为综合性慈善组织、专业性慈善组织、志愿者服务性慈善组织等。

二、慈善组织的特质

社会上的各种慈善组织由于其性质和作用不同，都有自己与其他组织不同的特点。但本论研究认为，无论哪种慈善组织都应具有以下五个共同的特质：

（一）公益性

所有的慈善组织不管其规模大小，公募的还是私募的，法定的还是草根的、全国性的还是地方性的都是不以营利为目的，都要取之于他人用之于他人或社会。慈善组织都是慈善捐赠所得减去法定的必要成本，等于捐赠支付量。慈善组织本身没有丝毫谋利所得与截留。

（二）民间性

我们已经知道，慈善组织都是非政府性的民间社会组织。因此，慈善组织也必然是民间组织，即不能带有政府性质，更不能有什么行政级别。即使某些慈善组织带有一定的官方背景，或在官方支持下运行，它也该"姓民"，而不"姓官"。否则，它就不是真正意义上的慈善组织，与慈善的本质不符。

（三）平等性

由于慈善组织是民间社会中的自治组织，所以，各种类型的慈善组织之间、同一类型不同的慈善组织之间的社会地位平等。各种慈善组织之间不存在上下级的隶属关系，只有横向关系。

（四）透明性

慈善组织必须透明。第一，由于慈善组织是从事社会公益性的救助活动，其资产的来源一般是捐赠，其使用也都要根据捐赠主体的意愿去作为，捐赠者有知情权。第二，慈善资源也是社会的公共资源，社会群众也有一定的知情权。第三，法定慈善组织也享受到了政府的税收等优惠政策，占用了政府和全民的利益，应当接受政府和民众的监督。所以，慈善组织的一切实践行为必须透明公开；必须依法接受捐赠者、社会群众、政府管理部门的监督和质询。

（五）节俭性

慈善组织必须节俭。由于慈善组织与其他组织在经济上有着本质的不同，其经费来源于捐赠，是社会捐赠的扣除，本质也是善款。所以，慈善组织必须是节约型组织，不能铺张浪费，不能讲排场、要体面，不能有一点或丝毫的不节俭行为存在。对于慈善组织的领导尤其要带头力行节约，不管你是什么级别的离退人员，都不能再参照原来的待遇行事。因为你现在是民间慈善组织的负责人也是慈善工作者，花的是善款，要按照慈善组织的要求享受待遇。领导带头节约，职工才能节约，慈善组织才能节约。

三、慈善组织的生命力

本论抛开社会经济发展状况，政府的政策法规不说，仅从慈善组织自身原因讲，决定慈善组织的生命生力有三个因素：第一，运作成本；第二，社会公信力；第三，与慈善事业发展的匹配度。

（一）慈善组织的运作成本

大家应当知道，一般慈善组织的存在与发展都要具备一定的物质条件，没有物质条件作为支撑，机构是无法运行的。慈善组织在其募捐价值量一定的情况下，要保持经济平衡，保证机构的存在与运转，必须努力降低成本。而降低成本的基本手段主要是提高工作效率；最大限度地降低各种物质消耗和活劳动支付。物质消耗主要是办公费、交通费、运营场所使用费。降低活劳动的支付，主要是精减不必要人员，提高工作效率，从而达到工资的节约。现在来看，慈善组织的人力成本往往占其费用构成的很大部分。随着社会发展，人力成本还会不断提高，节约人力成本，将是慈善组织降低运营成本的主要任务。这里还应指出，作为慈善组织与经营企业不同，办公场所要最大限度地节约空间，设施简朴易用即可，不应追求豪华。努力缩减不必要的交通费用，也是降低慈善成本的重要措施。

（二）慈善组织的社会公信力

这是其生命力的关键一环。公信就是人民群众的普信。慈善组织的公信力也就是社会公众对于其信任的程度。公众对于慈善组织的信任程度，也是决定其生命力的关键。

首先从理论上来认识这个问题。慈善组织不管是哪种类型，公募也好，私募也好，草根也好，都是以慈善的面貌出现的。使用慈善这个名词的本身就是一种对公共和公益资源的占有，就享有了公众认知、认同、支持和帮助的通行证。所以慈善组织必须始终保持自己的本质，不能失去公众对慈善组织具有的天然信任度。对于公募基金来说，其行为与社会公众关系就更加密切。我们假设，如果慈善组织的行为不负群众的信任期望，就会得到持续的支持和不断的社会捐赠，生存和发展的空间日益扩大。否则就会相反。慈善组织的生存不能失去群众信任。

再从实践上来认识这个问题。总体来说，近些年来中国慈善组织的公信力还是很高的，由于从业者们良好的工作表现，带来了群众的普遍信任，群众捐赠的积极性也不断提高，捐赠量不断上升。但是，也有不好的例子，前面已经说过，就是"郭某某事件"，给某基金会的公信力造成了极大的损伤，致其募捐量急剧下降，同时也对全社会的慈善事业造成了一定的影响。还有一例，据悉，前段时间某市有关慈善组织在网上号召群众捐款，结果收到的是大量的质疑，这说明该组织的公信力出现了问题，急需修复和提高。以上说明公信力对慈善组织生命力的重要性。

慈善组织公信力的核心是诚信和节俭。必须严格按照慈善法规的要求和对捐赠者及社会的承诺办事。必须节俭节约办一切事情。节俭至关重要，试想，如果郭某某不是在网上炫富显奢，怎会引起那么大的慈善信任问题风波呢？

（三）慈善组织状况与慈善事业的匹配程度

慈善组织的类别与数量情况也是影响慈善组织生命力的一个重要因素。首先，如果慈善组织的种类和数量与慈善事业的需求相匹配，就能保证其生存与健康发展。其次，如果慈善组织与慈善发展需求不匹配，尤其与慈善资源不适应，数量过多，种类结构扭曲，必然会造成一些组织的业务量不足而被淘汰。再次，如果慈善组织过少，低于慈善行为需求，就会造成一些慈善组织服务质量下降，从而导致其社会信誉度降低，使其生命力减弱，最终会使一些组织被淘汰。所以，慈善组织要与慈善事业的发展需求相匹配，过多过少都不好。

第二节 中国特色的二重性慈善会

中国特色的各级慈善会，是中国慈善组织的主力军，也是本章需要研究和阐明的问题。慈善会均为综合性的全国或地区性的公募慈善组织。下面就来深入研究和阐述中国特色的慈善会。

A. 特色就在二重性质上。本论所说中国特色的慈善会，主要是指它的二重性上。所谓二重性,就是同一组织具有两种属性,既是社团又是基金会。社团与基金会是两个不同性质的慈善组织或社会组织,分别由两种不同的行政法规管理与调整。这些慈善会一方面具有社团属性,按社团管理,在自己的行政区域内发展会员;另一方面又属于慈善基金会,在自己的行政区域内公开募集善款,开展各种救助活动。这是具有中国特色的慈善组织。由于这个特色使各级慈善会就成为综合性与区域性唯一的慈善组织。说综合性就是所有的慈善业务项目都可以运作;唯一性是从中央到地方的一个行政区域内只能有一个。国家只有中华慈善总会,各省市只能有某某省或市慈善总会,以下类推。据悉,自1994年中华慈善总会成立后,从中央到地方的民政系统内,陆续成立了各级慈善会或慈善协会。目前,全国已有三千余家各级慈善会。有对这种慈善组织形式的反对者,把这些慈善组织称为"怪胎",对其加以批评和质疑。

B. 二重性慈善会产生的原因。为什么会出现这种二重性慈善组织呢?本论研究后认为,首先,这是因为多年以前,现代慈善事业还是个新生事物,人们对慈善和慈善组织的认识还不清晰,慈善法规还不建全,中国的慈善还在探索中。其次,这些慈善组织都是依托各级民政部门而设立的,民政部门既是政府负责慈善管理的机关,又是社会组织的登记管理机构,在国家没有明确法律规定时具有相关政策制定权;最后,这种二重性慈善组织适合中国国情,有利于充分发挥作用,可大量吸收社会各界人士参与,迅速壮大慈善组织的力量,便于慈善业务的快速发展。

C. 慈善会的时代作用与不足。实践证明,由于慈善会均为区域性综合慈善组织,而且这种二重性的慈善组织,在全国已经形成了庞大的系统,多年来发挥了重要作用,取得了显著的成绩。慈善会不但在各种慈善行为上作为显著,在推动社会慈善意识的形成和发展上也大有作为,全面有效地推动了中国慈善事业的进步。有些慈善会的年接受慈善捐赠价值量达到了几十亿甚至上百亿元。有些经济发达省份的县级慈善会年募善款就达几亿元。但是,由于这种慈善组织是在行政作用下迅速兴起的,必定存在着名不符实的问题,不作为的基层慈善会较多,许多组织只是名誉上的存在。

D. 慈善会未来展望。我们还必须认识到,二重性的各级慈善会,是中国特定时期的一个历史性的产物。随着《慈善法》的贯彻实施和慈善事业的进一步规范化发展，双性慈善组织将有可能逐渐加以改变，实现社团与基金会的分离。结果可能是这样的，慈善会为单一的社团，不再进行慈善项目的运作，或者另设慈善基金会，或者将项目交于其他基金会，由基金会专门从事社会救助。各级慈善会可以接受政府委托，代替政府行使对所属区域内的慈善事业的管理、宣传、人才培训、经验交流等事宜，成为慈善服务组织。

第三节 慈善关联组织的构成及若干问题

慈善关联组织是慈善事业的辅业组织。现代慈善事业的发展不但催生了大量主业组织，同时也催生了大量的辅业关联组织。慈善事业中的慈善关联组织，即是服务于慈善事业的各种社会组织、事业单位及特殊的慈善文企单位等。下面本论就来分别研究和阐述这个问题。

A. 现代慈善事业发展催生了慈善关联组织。慈善关联组织也是慈善事业行业内部分工的增加。大家知道，现代慈善事业已经成了一个新的社会分工，是一个庞大的社会新行业。在这个新兴的行业发展中，同时又出现或形成了一个关联组织体系，或称行业组织新链条。也就是说，在慈善事业组织体系中，除了直接为慈善行为服务的慈善组织外，还产生了大量的为慈善事业发展提供服务的各种组织或机构。所以，慈善关联组织也是慈善事业发展的必然结果，也是慈善事业的催生物。慈善关联组织的形成是慈善事业的发展与进步。如果说慈善组织的产生是现代慈善事业的标志，那么慈善关联组织的产生则是现代慈善事业发展高级阶段的表现。

B. 慈善关联组织的四个种类三种体制。慈善关联组织共有四种类型：第一，为慈善事业服务的社会组织。如各种非慈善性质的学会、协会、研究会、促进会等。第二，科学研究单位。如各种公益慈善研究所、发展研究院、研究中心等。第三，教育培训组织。如大专院校中的有关院系，还有社会上的各种慈善教育培训机构等。第四，宣传鼓动机构。如专业的报纸、期刊、网站等。以上四种组织又分为三种体制。一是公益性社会组织，二是事业性单位，三是企业性单位。慈善关联组织的产生与发展也是现代慈善事业发展的标志。

C. 慈善关联组织存在的必要性。慈善关联组织也是慈善事业发展的必要组成部分，它同各种众多的慈善组织共同构筑了整个慈善事业组织体系与网络。慈善关联组织虽然不同于直接从事慈善行为的组织，但它在慈善事业中的作用不可小觑。就像一场战争或战役一样，有直接参战部队，也要有后勤保障、战地宣传、救护等部队的配合。一架民航客机要想安全顺利地飞行，没有气象、导航、航油、机场服务等保障也是飞不起来的。现代社会中任何一种新事物的产生与发展，都会形成一个行业体系，有主业、辅业、上游、下游等组织群落。随着慈善事业的发展，这些关联组织还会不断地增加和完善，其形式和内容也将随着主业组织的改变而变化。

D. 慈善关联组织始终应与慈善主业组织相适应。慈善关联组织不能脱离主业组织独立发展，必须与主业组织相适应。规律应当是这样的，当慈善关联组织的规模及性质，与慈善主业组织发展需要相适应，其就会兴旺，并能有力地促进社会慈善事业的发展；当慈善关联组织现状低于慈善主业组织的需求，就会影响主业组织的生存和发展；当慈善关联组织的状况高于主业组织的发展需求，就会造成关联组织的生存困难或倒闭，还会增加慈善事业和社会经济部门的负担，造成不利于慈善事业发展的结果。所以，慈善事业实践中，必须积极处理好慈善关联组织与主业组织的匹配关系。

E. 慈善关联组织的社会联结是其发展的新趋势。各种慈善组织与公益组织的社会协作与"联结"，是当前慈善思想界的一种新思潮。一些国内外学者都认为，慈善组织和社会公益组织的协作与"联结"产生的效能，要大于单个组织能量的相加。一些人也积极鼓吹发展社会慈善与公益创新，广泛开展合作与联结，以推动慈善事业的发展。应当承认，慈善组织的合作与联结确实能产生倍增的效能。根据政治经济学原理，任何社会分工协作，都能有利于提高社会劳动生产力，不论是简单协作还是复杂协作都是一样的。所以，慈善与公益组织开展协作与联结是一个很好的慈善运作新方式，也是慈善事业发展的一个必然趋势。

第四节 慈善事业工作者的本质及若干问题

本论认为，慈善事业工作者，是维持慈善事业组织运行的活劳动物质保障。慈善事业工作是当前一种新的社会职业分工。本节就来研究和阐述慈善事业工作者的本质及若干问题。

一、慈善事业工作者及职业本质

首先要明确慈善事业工作者的概念。这里所说的慈善事业工作者，是指慈善事业中的慈善主业组织与慈善关联组织的工作人员。在经济学范畴上，虽然慈善事业中的两种组织存在着本质区别，但对于其中的从业人员来说，其劳动的本质及目的是相同的。所以，为了方便阐述，本论将慈善事业两种组织的工作者合并研究和阐述，并简称为慈善工作者。

（一）慈善事业工作的本质

慈善事业工作也谓慈善劳动，是构成慈善事业劳动生产力必备的条件之一。正确地认识和对待慈善工作者的工作或劳动，对于提高现代慈善事业的科学理念，促进现代慈善事业发展很有意义。进一步讲，慈善事业工作的本质，是一种新的社会分工，也是一种社会职业劳动。慈善事业的主业组织与关联组织中的工作者或劳动者，本质上没有区别，都是同其他行业一般意义上的劳动性质一样，通过工作或劳务的付出获得等价的报酬，用自己的活劳动来换取他人的物化劳动，谋取个人生活消费资料。

慈善工作的性质是慈善工作者的谋生手段。第一，慈善工作者不是慈善物质捐赠人。他们的工作是为慈善物质捐赠人和受益人服务。虽然他们整天在从事慈善行为的实现工作，从事慈善的宣传、教育和研究工作，帮助慈善家们做慈善，鼓动人们去慈善，但决不能把他们的工作也视为或做为慈善捐赠行为。第二，慈善工作者也不是志愿者。志愿者在从事慈善或公益慈善工作时，可以不要报酬，他们把自己的劳动作为慈善物质捐赠给社会。而慈善工作者的劳动是正常的社会工作，必须获得薪酬回报。从这一点上，慈善工作者的工作与在其他企业、事业、政府机关工作人员的劳资属性、经济关系都是一样的。

现代慈善事业中的慈善工作者也同其他行业一样，存在着各种内部分工，由若干工种构成。例如，在一个慈善组织中要有管理人员、勤务人员、专业技术人员等。慈善工作中最艰巨也是最讲究的是劝募，慈善劝募也是一门专业技术。据介绍，现在有关部门已经有了劝募师职别设置的说法。

总之，慈善工作者也应当与社会其他行业的工作者一样，享有各种权利和平等的社会地位。

（二）慈善工作者的特质

虽然慈善工作者与其他行业的工作者具有同一性，但也存在着特殊性。职业的特性也是社会职场中的一般问题。慈善职业性质决定了慈善工作者与其他行业工作者要有不同的特质。这种特质要求慈善工作者与社会一般职业人员要有若干不同。因为，慈善事业是人道救助或利他的社会公益事业，慈善组织既是对无偿援助与救济行为的对接与实施，更是爱心与温暖传递的使者。所以，慈善工作者应该具备这样一些职业特质：

（1）慈善思想观念水平是入职的第一门坎。慈善工作者的慈善思想观念水平，不能低于社会一般行业人员的平均情况。慈善事业的从业人员必须拥有更好的慈善思想意识。慈善组织应把慈善思想观念的培训与教育作为职工入职的第一课。慈善工作者必须具有工作不仅仅是为了谋生，还是自己"不能不做"的一种事业的观念。[①]

（2）爱心、爱岗、敬业是第一职业素质。慈善工作者也应同其他社会工作者一样具备各种基本素质，尤其必须具备职业的专业素质。然而，对于慈善工作者来说，爱心情怀，爱岗敬业精神应是第一职业素质，第二才是专业素质。而且，爱心、爱岗、敬业的职业素质要高于专业技术素质。这也是慈善工作者必备的职业道德。

（3）领导者首先要达到职业特质的标准和要求。慈善组织的领导也是慈善工作者。慈善工作的领导者或一个慈善组织的负责人，也必须具有不低于职工的各种职业特质，甚至要高于职工，才能带领大家搞好慈善工作。作为慈善组织的领导，不但要同广大员工一样有爱心、爱岗、敬业的

---

① 参见［美］保罗·舒梅克著《重新定义公益》第104页至113页。

素质，还要消除官本位思想，不能讲级别、摆官架，要有真正的公仆意识和行为。据了解，某省的慈善会会长是位副省级的老干部，但他每次为慈善会出差时都同职工一样坐飞机经济舱，很受职工们的爱戴和尊重。

（三）慈善工作者的薪酬水平

慈善工作的职业特殊性与慈善工作者的特质，决定了薪酬标准难以超过社会平均水平，一般只是相当或低于社会平均水平，不会冒高。这也是世界性的规律。这点主要有三个原因：首先，是其工资（专指慈善组织中的工资）是捐赠价值扣除，是由捐赠所得或慈善基金增殖所得的支付，这部分资金是有限来源。既使是慈善关联组织，一般也均是不以营利为目的的公益组织，其收入与分配也要受到相关法规的调控，并且有些投资也是来源于善款。其次，是工作者的劳动强度一般不大，多数均低于社会平均水平，且岗位风险相对社会企业等组织较小。再次，是其工作性质复杂程度较低，属于一般性文化技术含量的工作。所以，慈善工作者不易产生像上市公司高管或企业技术权威们那样的高薪酬，不能发大财。

二、慈善工作者职业类别与结构

慈善工作者已是庞大的社会职业群体。有人估计，目前全国仅慈善组织专业工作者就有十几万人。保守估计，相关慈善组织的工作人员也有几万人。（这方面还没有见到权威的统计数据）研究慈善工作者职业状况与确定有关考察指标问题，是很有意义的。现在就来阐述慈善工作的职业类别及构成等问题。

（一）职业类别

本论把慈善职业分成五个类别。

（1）慈善行为类。即直接从事慈善募捐与捐赠实践活动的人员。如各种慈善会、基金会及法定慈善组织的从业人员。

（2）慈善文化意识类。即从事慈善文化艺术，宣传与鼓动的从业人员。如专业报刊、杂志、网站，新媒体等从业人员。

（3）科学研究类。即从事慈善事业中的各种研究所、研究院或各种研究中心等组织的从业人员。

（4）教育培训类。即专门从事公益慈善人员教育培训的从业人员。如大专院校的相关从业人员，其他各种组织从事慈善专业培训的工作人员。

（5）慈善服务类。即为公益慈善事业提供服务的各种协会，促进会等组织的从业人员。

（二）职业类别构成

本论将五种类别的人员数量，在整个慈善职业群体中所占的比例，叫作职业类别构成。从宏观上来说，在职业类别构成中，第一类不能小于后四类的相加。如果把整个慈善事业的从业人员假设为10个人，那么，（1）一定要多于5个人，（2）（3）（4）（5）类相加一定要少于5个人。第一类人员是慈善事业的主业人员，而后四类是慈善事业的关联辅业人员。辅业人员始终不应超过主业人员，否则应当认为构成不合理。本论预测认为，主业与辅业的人员构成在7∶3即可。也就是在慈善事业的10人之中，主业应为7人，辅业应为3人。这种构成最高不能突破6∶4，可在7∶3与6∶4之间波动。

（三）人员结构考察

慈善工作人员也要由多样性组成，否则就难以适应工作需要。本论把慈善工作者人员组成情况称为人员结构。从人的不同属性上区分，设定了四种结构：

（1）年龄结构。也就是从人的自然年龄上来看一个单位职工群体的构成。如老中青比例情况。老中青结合也是慈善事业组织应该讲究的一个指标，不能以为是慈善事业组织就要青一色的退休老年人。

（2）知识结构。也就是职工队伍的文化状况。慈善工作也需要文化与专业知识，一般来说文化程度构成越高越好。

（3）专业结构。也就是职工队伍的专业人员所占比例。慈善事业也要有适当数量的专业人员，至少要有相当数量的熟悉慈善业务的人员。比如，专业劝募人员，施捐人员，电子技术人员，经济管理人员等。

（4）性别结构。也就是要讲究男女职工比例。慈善事业工作也要有适当的男女比例，青一色的男性不行，青一色的女性也不好。有些慈善工作适合不同性别的人去做。

职工结构还应分为宏观结构和微观结构。宏观结构，即是整个社会或地区的结构情况；微观结构，即是一个单位或一个组织的结构情况。

三、慈善工作者的存在与发展规律

经研究发现，慈善工作者的存在与发展情况具有以下三个规律。

（一）慈善行业发展需求决定职工数量与质量

我们知道，慈善职业工作群体是现代慈善事业的产物。现代慈善事业发展催生了专业慈善组织，进而又催生了与其相适应的慈善关联组织，从而便产生了慈善主业与辅业工作者。慈善事业的发展也产生了不同工种、职业类别和专业人员，也就是不同质的工作者。慈善职业工作者的数量及其质量，是随着慈善事业发展状况而波动的，慈善事业发展得好、规模大、水平高，其职工需求量就大，要求的职业类别档次也就多，反之就少。这是第一个规律。

（二）行业发展状况决定职工工作方式

慈善行业的组织运作方式及其规模、形式也是不断变化的。它们往往要根据行业发展需求、慈善行为的技术手段，国家的法律、法规来决定自己单位的工作方式。例如，工作人员的劳作时间、地点、手段，考核监督办法等都可以多种多样。有的要坐班全日制，有的可兼职计件工作制。随着社会通信、网络等技术手段的发展，慈善组织也可以实现较小办公场所或无办公场所，职工也完全可以家庭办公，移动办公。这是第二个规律。

（三）个体工作方式将是一种未来趋势

随着慈善事业的发展，个体化慈善工作将是未来的一种趋势。第一，完全个体化单位。随着慈善事业环境的成熟，法律法规的完善，互联网的发展，管理手段的进步，将会出现以单个自然人为主体的慈善工作单位。也就是出现或形成慈善运营个体户、专业户，个人独立运营慈善项目。第二，合作个体化。也就是个人挂靠或包含在某慈善组织内，与慈善组织形成合同、合作关系。这两种情况将是现代慈善事业发展中职工工作方式变化的一条规律。也是慈善工作变化的第三个规律。

第六章 传统慈善与现代慈善

慈善在其社会实践过程中，会随着诸多社会因素的变化、影响与作用，使其社会存在形态有所不同。传统慈善与现代慈善是两个不同的慈善形态，也是当前慈善理论界和实际工作部门讨论较多、应用广泛的两个概念。现在，就在本章研究和讨论这两个问题。

第一节 两种慈善概念及特质

这里的两种慈善，系指传统慈善与现代慈善。在理论上弄清传统慈善与现代慈善的内涵以及特质与标志等问题，能有效提高对两种慈善的了解和认识。所以，本节的任务是研究和阐述传统慈善与现代慈善的定义及其特质或标志等问题。

一、传统慈善的概念与特质

本论首先研究和了解传统慈善概念的内涵，以及特质或标志等若干问题。

（一）传统慈善的概念

首先要确认什么叫传统慈善。慈善学研究也应当与其他社会科学一样，不能用约定俗成的说法代替科学理论。研究发现，从慈善学范畴来讲，传统慈善不是一个时间或时代的概念。传统慈善不是过去慈善，也不等于古代慈善或旧慈善。现在，本论就给传统慈善这样一个定义：凡是使用简单慈善方式从事自觉私益慈善行为的即为传统慈善。还可以这样说，传统慈善即是使用简单慈善方式从事的自觉私益慈善行为。这里的关键词是：简单，自觉，私益。再进一步讲，传统慈善捐赠物质的转移是用简单慈善方式完成的。在简单慈善方式中，捐赠和受捐的两个主体关系表现为私益关系。传统慈善是人们自觉与主动的社会实践活动。传统慈善事业，也是古代社会民间的一种初级社会保障。应当指出，在传统慈善中也有少许的地缘性公益慈善存在，但这种慈善本质上仍属于私益慈善。本论在第一章里已经阐述了简单慈善和私益慈善的定义及相关问题，这里不再解释。

（二）传统慈善的特质

本论研究发现，传统慈善有六个特质或标志：

（1）慈善捐赠是人们的自觉行为。人类最初的慈善行为是事先无准备的自为举动，本论称它为自为慈善。而传统慈善已经发展成了人们的一种有目的自觉行为。传统慈善阶段，人们的社会慈善意识已经形成，并且具有了较为丰富的主观慈善理念。所以说，传统慈善行为是在人们慈善意识支配下进行的一种自觉、自愿的作为。

（2）以人的生存救助为主要慈善目标。生存是人的第一需要，社会生产力发展水平越低，人们生存需要的社会问题越突出，越严重。所以，古代社会中传统慈善的救助与帮扶，多数是以人的生命存续为主要目标。例如，施舍粮食，开设粥锅，邻里食物接济，简单的行医治病等。据悉，在古代社会一些职业医生，经常对于困难的群众免收诊断费，这实质也是一种传统慈善捐赠。

（3）两个主体直接完成捐赠行为。传统慈善的物质给付，一般是捐赠主体和受捐主体直接作为，完成慈善捐赠过程。这里所说的一般是指大多数，有的传统慈善行为也是通过简单中介实现的，比如，将食物捐给寺庙，再由寺庙施与饥民。这是传统慈善行为的特殊性，它不影响捐赠主体和受捐主体直接完成物质转移作为传统慈善的特点。

（4）物资捐赠是捐赠价值构成的主要成分。传统慈善最初阶段人们的捐赠基本上就是物资，而且在捐赠的物资中，又主要是粮食或食物。劳务捐赠也是传统慈善中乡间邻里中比较常见的行为表现。邻里间经常会有对劳动能力弱势家庭的体力活计给予帮助的情况。但是，那时的帮助还不是现代公益慈善意义上的志愿服务劳动，也是私益慈善行为。

（5）慈善行为的血缘性与地缘性。血缘性也就是有血缘关联的同族间的慈善行为。古代社会中往往一个村社或一个乡里，都是血脉相联的同族或亲戚。有些乡间的慈善行为主要是对同族的救助。历史上的义庄就是血缘性的家族慈善基地，家族中有钱者投资购买土地，建设义庄专门救济同族人等。地缘性也就是人们在自己居住地附近一定的自然区域内开展慈善活动。在古代或较早时期由于生产力落后，交通运载工具能力低下，人们的社会实践活动空间较小，一般的社会交往主要是乡间邻里。所以，传统慈善对象及行为也均发生在自己所在的乡里，最多也就是县里或百里范围内。地缘性慈善是血缘性慈善的发展与延伸。

（6）简单慈善组织产生。在传统慈善成熟阶段已经产生了简单的地缘性慈善组织，专事慈善工作。例如，当时的义庄、义学，各种救济会、同善会、育婴堂等。还有各种宗教组织及宗教组织为一定地缘范围内饥民开设的粥铺等。早期的宗教团体也是传统慈善中的简单慈善组织。

二、现代慈善的概念与特质

本论现在再来研究和阐述现代慈善概念的内涵及其特质或标志等若干问题。

（一）现代慈善的概念

前面已经说过，传统慈善不是过去的慈善。那么同样也可以说，现代慈善也不是现在的慈善或当今的慈善。何谓现代慈善呢？这里就给现代慈善一个定义：现代慈善即是使用复杂慈善方式完成的公益慈善行为。与传统慈善定义相比，这里的关键词是：复杂与公益。现代慈善也是打破了血缘性和地缘性的慈善作为。关于公益慈善与复杂慈善概念问题，本论已在第一章里阐述过，这里不难理解，本节不再过多解释。

现在，有必要使用理论阐述与举例说明相结合的方法，再进一步论证现代慈善的概念问题。现代慈善的捐赠行为，一般均是两个主体互不相识，要通过中介组织完成和实现捐赠者意愿。例如，张三为了实现自己的慈善目的，将他拥有的一百万元助学资金，交付于某慈善会，委托将其分发给某市或某县的若干贫困学生。这个过程的表现有三点：第一，这个捐赠是张三事先有准备、有计划的自愿举措；第二，慈善行为中的两个主体不是熟人关系，也就是张三与他救助的学生们没有任何血缘或其他人际关联，是公益慈善；第三，张三是通过慈善组织的复杂运作过程完成的捐赠。可见，张三的这个慈善行为就是公益慈善性质的现代慈善举措。所以，现代慈善也称为现代公益慈善。

还有，如果有个慈善人士名曰王老五，拿出自己的一千万元资金成立一个教育慈善基金会，专门面对社会不确定对象开展教育资助，这种做法也属现代慈善范畴。

（二）现代慈善的特质

经本论研究发现，现代慈善具有以下五个特质或标志：

（1）对于人的发展和公共利益的援助纳入了慈善的主要范畴。我们知道，传统慈善的救助主要是对人们生命存续的救助，而现代慈善则开始注重向着人的发展方面和社会公共利益方向转变。例如，兴办各种教育、培养社会人才、开展环境保护等。还有，兴办各种现代慈善医院，从社会的简单游医治病，转向了固定式的现代医院治病、防病。这种医疗救助活动的出现也是现代慈善的一个标志。

（2）慈善行为由专业组织承担。慈善组织是现代慈善行为的承担者。在现代慈善行为中，一般人们都把自己的善款或善物交给慈善组织运作，以实现自己的慈善意愿。因为，现代慈善是复杂慈善方式的公益慈善行为，一般的慈善作为必须由慈善组织实施。有的是通过自己设立基金会，来实现他的慈善意愿。慈善组织的出现是现代慈善的重要标志。

（3）慈善捐赠价值构成中货币比例增大。与传统慈善不同，现代慈善的捐赠大量的是以货币物质形式兑现。在货币、物资、劳务三大捐赠价值构成中，货币的比例增多、增大。我们知道，在捐赠价值构成中，货币所占比例越高，说明现代慈善程度越高。反之就越低。

（4）社会救助空间扩大、对象专业化。现代慈善的救助与传统慈善不同，救助空间已由乡里乡村的范围内，发展到县、市、省或全国，有的还打破国界走向了世界。慈善救助对象专业化增多。例如，有专对某种癌症患者的救助项目；贫困母亲的救助项目；先心病儿童的救助项目等。

（5）慈善观念与行为与国际接轨。现代慈善从观念到行为都具有一定的国际性。慈善不再只是本国传统古老的思维与行为方式。现代慈善事业中，国家间相互开展慈善作为，按照国际先进慈善方式建设各自的慈善运行体系。

第二节　传统慈善起源与实践概述

传统慈善伴随着人类历史的发展而前行。第一节里我们已经了解了传统慈善的概念和特点问题，现在本论再对传统慈善的起源与发展实践进行阐述，以便进一步提高对于传统慈善的科学认识。

一、传统慈善的起源与形成

中国的"传统慈善源远流长"，"自古以来就有慈善的传统"，这是人们不争的共识。但是，传统慈善不是人类慈善的初始，不是突然产生的。本论研究推定，传统慈善始于自为慈善。人类从自为慈善开始，逐渐发展到了血缘性与地缘性的自觉慈善，从而达到了慈善史上的传统慈善阶段。

先说自为慈善。自为慈善是人类慈善的初始阶段。该慈善是一种不自觉的慈善实践行为，这种行为是人的本能支配下产生的善行。最初的慈善行为只是人们在原始友爱的本性促使下，善的自为举动。自为慈善是传统慈善的萌芽。

传统慈善是这样从自为慈善中产生的：研究发现，在自为慈善过程中，随着社会生产力水平提高，社会经济发展和剩余产品的不断增多，人们慈爱思想的固化和放大，社会慈善意识逐渐形成，慈善行为也开始变成了人们主观意识支配下的自觉行为。原始本能的自为慈善就逐渐形成了以血缘为纽带的自觉的亲情慈善，便开始了在一定范围的人群中或族群里开展各种救助活动。同时，也产生了固定的同族内慈善救援方式，出现了家族救助专业组织，如家族性的慈善义庄等。之后，又随着人们慈善意识的不断加强，慈善行为也开始在空间和体量上扩大，逐渐发展到了外族外邦，扩展到了地缘性慈善，使慈善救助在民间乡镇邻里得到了广泛的践行。这些慈善行为也就自然形成了一种民间固化了的约定俗成的救助模式，这种模式也就是我们现在所谓的传统慈善。应当说,在传统慈善产生的同时,也形成了社会慈善意识与文化。同时也产生了相适应的慈善上层建筑及社会约束力,发展形成了稳固的传统慈善形态。

另外,自为慈善与传统慈善,在行为方式上都是使用简单慈善方式从事的私益慈善活动。二者的区别在于:前者是自为的实践活动,后者是自觉的实践作为。

二、传统慈善事业的实践发展

大家已经知道,慈善由人们的自为行为转变为自觉行为,并逐渐形成了传统慈善模式。这也是人类慈善事业发展的共同规律。

有学者认为中国的传统慈善形成于奴隶社会末期至封建社会初期。据《中华慈善大典》介绍,"西周时春秋之际,有善人在道路上设食救养饥民,成为了官府开仓救助的一种有效补充。战国时,一些心慈性善的殷实之家往往效仿这一善举,在城交路上直接设粥食恤养灾民"。[①] 以上阐述证明,早在西周时期中国的民间即已兴起了传统慈善事业。

根据相关史料介绍,中国自西周以来,不但有了民间慈善事业,也有了慈善事业的上层建筑建设。例如,在政府的行政官职中就设立了主管慈善的司徒职务,每到灾荒时期便采取社会救助行动,时称荒政。以后历朝历代中政府行政机关也都设立了济民机构。那时的政府就提出了慈幼、养老、赈穷、宽疾等社会救助项目。政府的慈善政策也有效地带动和指引了民间慈善事业的发展。以上也充分地说明了在封建社会中,慈善事业的分量和地位,说明了传统慈善事业也是古代社会公益事业的重要组成部分。

中国的传统慈善事业在明清时期获得了空前的发展。据史料介绍,虽然在西周时期,中国既已形成传统慈善,但在封建社会早期的几个朝代中,中国民间的慈善事业一直发展不快。这一方面是受当时社会生产力水平较低,经济发展高度不足的制约;另一方面,受到作为"官思"的儒家思想,不鼓励民间发展慈善事业,认为社会救助是政府的仁政任务等思想的影响,

---

① 摘自《中华慈善大典》第10页。

致使政府对民间慈善重视不足。到了明清时期由于慈善实践的发展，西方宗教慈善思想观念和实际慈善行为的影响，促使中国官府转变了对慈善事业的观念和政策，积极鼓励发展民间慈善事业。加之社会生产力水平提高，民间财富积累开始增多，为慈善事业提供了物质基础，使社会慈善事业有了较大的发展。在明清时期，民间的各种血缘性与地缘性的传统慈善行为开始大量涌现，社会救助能力显著提高，传统慈善达到了极盛，并产生了现代慈善的种子与萌芽。

总之，传统慈善从西周奴隶制末期开始即已成型，在之后漫长的封建社会中不断发展壮大，到了明清时期已经达到十分成熟和发达阶段，形成了较完整的传统慈善形态。

另据介绍，在古代传统慈善行为中的资金来源，主要是民间富裕大户的捐赠，而救济救灾活动主要是由政府拨付物资和资金。有人认为古代政府对于大灾之时拨款、拨物的行为也是传统慈善，本论不能同意这种观点。根据前面对慈善和公益的分析可以认为，古代政府拨款、拨粮，救济民众，实质上是一种政府公益行为。客观上古代劳动生产力低下，社会民间剩余物质不多，民众捐赠能力有限，无力进行规模性救助，社会灾荒救助任务也只能由政府承担责任。

研究发现，传统慈善方式一直存续至今。自从传统慈善产生以来，尽管朝代不断更替，社会政治制度发生各种改变，传统慈善行为一直存在于民间各地，从未间断。就是在新中国成立后，一度把慈善做为错误的事物，而民间的传统慈善行为依然不断。扎根在人们头脑中的传统慈善意识也并没有完全被消除。近些年来虽然积极发展现代慈善，而传统慈善仍然发挥着重要作用。

三、宗教慈善是早期传统慈善的行为主体

本论研究发现，宗教慈善是早期传统慈善的行为主体。这也是世界传统慈善的共同性。在中国主要是佛教、道教以及后来传入的基督教、天主教等宗教组织的慈善作为。例如，在很早以前佛教寺院就有了开设粥锅赈济饥民的行为。

宗教慈善的救助施舍往往没有特定对象，与血缘无关，食物来源也为社会捐赠品，具有一定的公益慈善属性。但是，这种慈善方式依然属于传统慈善性质。也是使用简单慈善方式进行的地缘性救助行为。

早期的宗教慈善活动，一般是由宗教组织直接进行的。宗教组织也是最早的简单传统慈善组织。本论认为，以前的寺庙、教堂等宗教场所就是最原始的慈善组织。虽然寺庙、教堂是早期的慈善组织，但它本质上并不是现代慈善意义上的社会组织。它的慈善行为仍然属于传统慈善范畴，也是较为典型的传统慈善方式。慈善由单个自然人举措发展到简单的组织行为，是传统慈善的典型标识，也是传统慈善发展到了成熟阶段的标志。

第三节 现代慈善事业的产生与发展

通过前面第一节的有关论述，大家已经知道了现代慈善的本质及特点。现在，本论再来阐述现代慈善事业的产生与发展问题，以便加深对现代慈善的理解和认识。

一、现代慈善事业的萌芽与雏形

研究发现，经过长时间的缓慢发展，中国的现代慈善事业从明末清初开始产生萌芽，清末民初即以显示了雏形。

（一）明末清初产生了现代慈善事业的萌芽

研究得知，现代慈善事业的萌芽产生于明末清初。根据史料获悉，中国早在明朝中叶以后，随着社会商品经济的产生与发展，出现了资本主义萌芽，民间慈善事业也迅速崛起，到了清初即已达到相当水平。有学者这样说：清朝雍正年间，安徽人慈善家汪庆庚，大兴慈善，"如放赈施药，……资助贫生、赞襄婴育……建造桥船、济行旅"等[①]这一时期的社会慈善行为，开始了由个人行为向有组织的行为转化，民间开始出现了同善会等各种慈善组织；还产生了公开募捐或公开接受社会捐赠的慈善组织，也就是现在

---

① 见《中华慈善大典》第104页、第106页。

所说的公募基金会。慈善救助由主要救济饥民，向助学、助孤、助幼、助妇、助医等全方位发展，由单纯对人的救助发展到了对生态保护和动植物的关爱，慈善也具有了更大的公益性。慈善行为也从物质援助扩展到了精神教化。劝人为善，成为当时慈善事业中的一项重要内容。也就是开始有了慈善宣传，开始注重人们的慈善识建设。

（二）清末民初形成了现代慈善事业的雏形

现代慈善事业的雏形在清朝末期与民国初期业已形成。据有关史料研究发现，晚清至民国初期中国的现代慈善事业有了雏形。这一时期的现代慈善事业主要表现有以下六点：

（1）慈善组织大量产生。慈善组织的产生是现代慈善事业的最基本表现。在清末民初，为了适应现代公益慈善发展需要，各种为慈善行为服务的社会组织也应运而生。慈善组织不但发达多样，还出现了一些专业性的组织机构。民国时期的公益慈善组织已有相当的规模和数量，尤其江南各地的慈善组织众多，仅上海一市就有一百二十余家相当规模的现代性质的慈善组织。苏州也有各类慈善组织八十多个。同时还有了专业分工的慈善机构。例如，这时已有专门从事募集善款的慈善会，然后再将募得的资金交给专业赈济组织。这是比较典型的现代慈善方式。

（2）出现了慈善家群体。清末民初现代慈善事业的雏形的形成，还表现在形成了大量的民间慈善家群体。例如，晚清的盛宣怀、冯桂芬、余治、潘曾沂。民国时期的陆费伯鸿、徐乾麟、章元善、虞洽卿等。[①]

（3）引入了西方慈善理念与慈善方式。清末民初即在思想上引入了西方的诸多宗教慈善思想观念，又在实践中践行了西方的慈善行为。如，成立了中国红十字会，加入了国际红十字组织。同时，涌现出一些捐建的现代西式医院等。

（4）政府重视支持慈善事业，颁布慈善法规。民国时期政府就颁发了一些相关的慈善事业法律法规。如《地方救济院规则》《监督慈善团体法》等。也有地方法规出现，如《上海市政厅慈善团办法大纲》等。

---

① 据《中华慈善大典》第五、第六章。

（5）慈善救助手段现代化，冲破了地缘性限制。民国时期就开始了应用现代交通、通信等技术手段进行远程救援活动，打破了传统慈善的地缘性。

（6）助学兴教成为慈善救助的重点。清末民初时期出现的慈善助学行为，也是现代慈善雏形的典型表现。社会慈善由单纯对人的生命存续救助，转向注重人的发展的救助，是慈善由传统进入现代的重要标志。所谓人的发展救助主要各种助学教育，是对提高人的素质和技能的培养。助学教育使慈善事业的救助由治表转向了治本。大致在清末民初时期，中国就已兴起了大量的兴学助教公益慈善，各地均有捐资办起的学校。还有一些已是现在的知名高校学府。这些助学项目主要是民间的富豪等开明绅士和外国教会出资所为。当时的慈善助学为更多的穷人提供了接受教育的机会，为社会生产力发展增加了优质劳动力。

（三）现代慈善事业孕育过程的理论阐述

前面的论述得出一个结论：传统慈善是现代慈善之母。大家知道，从明末至民国，在长期的传统慈善发展过程中，孕育而生了现代慈善的萌芽和雏形。下面再从理论上抽象地阐述一下，现代慈善事业的萌芽和雏形孕育产生的过程。

（1）经济发展推动了慈善事业的进步与转变。随着社会劳动生产率的提高，人们的经济获得超出其必要的生活资料后，剩余物质越来越多，传统的血缘性与地缘性的慈善已不能满足人们的慈善意愿，慈善开始向公益慈善发展。

（2）慈善实践推动了现代慈善意识的形成。随着慈善事业实践的增多和生产生活范围的扩大，人们的慈善观念和社会慈善意识也日益提高，人们的传统慈善意识也在不断地异化，向着现代慈善转变，尤其西方慈善理念的输入，为现代慈善事业注入了新的思想基础。

（3）公益慈善需求发展搭建了现代公益慈善事业的桥梁。公益慈善的发展需求促使传统慈善事业中产生了慈善组织。慈善组织的产生帮助了慈善捐赠人"移情"意愿的实现，推动了传统慈善事业向现代慈善转变。

（4）交通、通信等社会公共基础的发展，为慈善方式的转变提供了可能。现代慈善事业的发展需要依靠物质位移和信息沟通的便利，必须有相适应的交通运输与通信联络条件。所以，现代铁路、公路、航空、通信事业的发展大大地加速了传统慈善中现代慈善因素的增加，进而使慈善迈进了现代慈善阶段。

综上所述，阐明了现代慈善在传统慈善中产生和发展的过程。

二、现代慈善事业的发展与体系表现

中国现代慈善事业的复兴与发展速度惊人，在仅仅三十多年的时间里，现代慈善事业体系就已完整形成。

（一）现代慈善事业的复兴

中国现代慈善事业从 20 世纪 80 年代开始复兴。新中国成立后，由于受极左的思想路线影响，除了仅有的官办红十字会以外（"文革"时期红十字会也被停止了），无任何慈善组织的存在。慈善只是"潜伏"在民间的百姓私事。1981 年 7 月第一家全国性慈善基金会——中国儿童少年基金会成立，1994 年《人民日报》发表文章为慈善正名，和第一个全国性综合慈善组织中华慈善总会的成立，标志着中国现代慈善事业全面复兴。这也是新中国真正意义上的现代慈善事业的开始。尤其 1994 年以后，全国从上到下的各级慈善会纷纷涌现。同时，由国家各大群众团体主办的基金会也从上到下地诞生，宗教慈善也开始回归。2008 年汶川地震后，中国的慈善捐赠有了质的突破。在近二三十年的时间里，中国现代慈善事业井喷式发展，它的速度也像改革开放后的经济建设一样，令人瞩目。

（二）中国现代慈善体系表现

《慈善法》颁布标志着中国现代慈善事业体系的形成，也标志着中国的慈善事业真正迈入了现代慈善阶段。总的说来形成了以下五大成就和表现：

（1）慈善组织纵横交错形成网络，慈善行为主业组织与关联组织并举。据介绍，目前仅民政系统主管的各级慈善会，还有大量的慈善基金会，志愿者团队等组织就已纵横交错。同时还有众多为慈善主业服务的社会组织。慈善事业的研究、培训、宣传等组织机构众多。据悉，现在社会组织总量达到近 80 万个，（参考数据，因社会组织不等于慈善组织）。其中已有综合性慈善会 3000 余家，基金会 7000 多个。而且，慈善建设已经超出一般组织性建设层面，已开始向空间性概念升级。例如，创建慈善村，慈善乡镇，慈善县，慈善市的活动日益增多。

（2）慈善意识形态与慈善文化领域完善。从 2001 年到 2016 年中国慈善领域产生了多种以慈善宣传为宗旨的专业报纸杂志创刊，各种慈善类专业图书大量出版，许多广播电视、互联网站均开办了慈善栏目和专业频道。专业慈善研究和培训机构相继出现，各种慈展会、慈善事迹表彰活动广泛开展，慈善文化空前普及，慈善概念深入人心，群众的现代慈善意识形态基本形成。还有"9 月 5 日中华慈善日"的设立，也是现代慈善形成的标志。

（3）社会捐赠水平不断提高，民众参与程度提升。虽然中国的慈善捐赠水平还很低，人均捐赠量与许多发达国家的 900 美元差距较大，而且很多慈善会在接受的捐赠价值构成中，物资捐赠还占较大比例。但是，近些年来尤其 2008 年以来，社会捐赠水平还是不断提高。据介绍，2010 年左右全国平均年份有 300 亿元到 500 亿元的捐赠。截至 2016 年，仅希望工程就累计接受捐款 129 亿元，资助学生五百五十余万名，授建学校近二万所。另据悉，2018 年全国各类慈善捐赠上升到了 900 多亿元。注册志愿者总人数突破 1 亿多人。

（4）法律法规基本完善。从 1988 年首部《基金会管理办法》到 1999 年的《公益事业捐赠法》，再到 2016 年的《慈善法》颁布，还有民政部与地方政府颁布的相关条例等大量法规，已经形成了一套比较完整的慈善法律法规体系。一般来说，法律法规都是滞后于实践的。某一行业或事物相应法规的大量诞生，就证明了这一事物的现实和成熟。

（5）与国际慈善形成互动。中国的慈善事业已同世界许多国家的慈善事业形成了各种合作和互动关系，已不只限于红十字会方面。一些发达国家的慈善组织在中国开展了众多慈善救助项目。中国的慈善组织也在非洲等一些国家开展了教育、医疗、饮水等援助工程。同时，中国民间慈善对于国际上重大然灾害也积极开展捐赠救助。

综上所述说明，中国已基本完成慈善形态的转变和提升，现代慈善体系已经形成。

三、现代慈善创新与传统慈善方式的存在

事物总是在不断地发展变化，现代慈善事业也在创新中不断发展，传统慈善仍然不曾离开现代慈善事业的怀抱，与现代慈善共存。

（一）现代慈善募捐方式的网络慈善众筹

这是当前现代慈善募捐的创新形式。网络慈善众筹，也有人叫它互联网众筹。也就是具有公募资格的基金会经批准，利用互联网平台公开向社会募集慈善资金。

可以说，网络慈善众筹既新又好。新，是它的时代性、创新性。好，是指它与一般慈善募集方式比较的优点方面。这种方式与过去其他方式相比，有这样几点好处：第一，募集信息发布速度快、范围广。它可以在最短的时间内将募捐书发到更广、更多的可能捐赠的主体人手中，及时有效地扩大了善款募集主体资源。第二，善款数量灵活，集小成多。比如，要实施一个大病救助项目的众筹，你让一个人或几个人拿出几百万元有困难，如果发动一万人，或者十万人，每人拿一点，这个问题就解决了。第三，节约捐赠财物转移成本。通过互联网交款要比当面交接或通过银行、邮局转汇都能节省时间和费用。

当前，运用互联网开展慈善募捐活动日益增多，社会群众的参与度也日益增加。据悉，2018年全国参加互联网慈善活动的已达84.6亿人次，募集善款总额超过了31.7亿元。我们还必须认识到，随着慈善事业的发展，社会技术手段的提高，各种新的慈善创新形式还会不断涌现。

（二）传统慈善与现代慈善并存

我们仅仅看到现代慈善的不断创新还是不够的，还必须认识到，在不断创新的现代慈善事业中，传统慈善方式也会依然普遍存在，而且十分重要。实践证明，虽然现代慈善已普遍存在于当前的社会实践中，慈善事业已经进入了现代慈善阶段，但在许多地方，传统慈善方式还依然大量地存在着，仍然占有慈善事业的重要位置，发挥着重要的作用。例如，在中国

浙江省绍兴市的慈善模式中,传统慈善的比重就很大,从捐赠价值量上可以与公益慈善平分秋色,构成了他们现代慈善事业的一大特色。传统慈善与现代慈善并存是一条不变的客观规律。

另外,还必须指出,无论是传统慈善还是现代慈善本质上都是慈善,都是公益,都是社会公益的一部分,都能起到同样的社会救助作用,都是社会保障体系的补充。所以,在大力提倡发展现代公益慈善事业的同时,也要鼓励和提倡传统慈善的存在和发展。

第七章　慈善文化与慈善宣传

慈善文化与慈善宣传，也是慈善事业中需要研究和探讨的理论与实践问题。在理论上弄清慈善文化与慈善宣传问题很有必要。慈善文化与宣传是一个既有内在联系又有显著区别的关系。因此，本论在这里把二者放在了同一章里研究和阐述。

第一节　慈善文化概念与起源和形成

慈善文化是慈善事业的重要组成部分，也是慈善实践中常见的概念。现在，本节就来研讨慈善文化的概念与起源和形成及其若干理论问题。

一、慈善文化的概念

弄清慈善文化的概念，知道慈善文化是什么，是本节的首要任务。

（一）慈善文化定义

先说文化的定义。本论认为，所谓文化，即是人类社会生产与生活实践的精神积累和物质痕迹。因此，现在可以给慈善文化这样一个定义：所谓慈善文化，即是人类慈善实践的精神积累和物质痕迹。精神积累包括思想观念与理论的聚积。例如，各种慈善思想观念、文学作品等。物质痕迹即是慈善实践过程留下的客体符号。例如，各种遗址、遗迹、遗物等。这些也通常称为文物，在慈善学里可称为慈善文物。所以，慈善文化部分地存在于人们的头脑里，部分地存在于各种精神物质载体中。如书刊、影像及各种电子信息存储器等。部分地存在于文化实物载体中，也就是各种文物物体中。

（二）慈善思想理论是慈善文化的核心与基础

慈善文化也是一个完整的社会文化形态或体系。在慈善文化形态或体系中，慈善思想理论是核心、是基础。慈善思想理论及观念的核心是倡导爱心、善行、利他。无论中外慈善思想理论，不同的慈善思想流派和世人思想家、理论家，各种宗教教义的慈善思想本质上都是一样的，都是围绕着爱和善两个字进行论述的。慈善文化的其他方面都是在慈善理论作用下的发挥与表现。也可以说，慈善文化是慈善思想观念和理论及其指导下的实践表现，是利用各种精神作用形式对人们的慈爱思想观念的倡导，对人们慈善行为的记录和张扬。

（三）慈善文化的发展有利于催生和固化人们的慈善意识

我们知道，慈善意识是人们头脑中慈善观念的恒常存在，是慈善行为的主观基础。社会慈善文化形态中的慈善思想理论与各种慈善精神，对人的反复注入与影响，必定能在人们头脑中不断地打上慈善的思想烙印，继而也必然会形成思想观念上的固化，这种固化就是人们的慈善文化。慈善文化的存在和发展有利于促进人们慈善意识的产生和提高。发展慈善文化也是提高人们慈善意识的基本方法。

二、慈善文化的起源与形成

研究和探索慈善文化的起源与形成问题，对于了解和认识慈善的全貌具有一定的理论意义。本论研究认为，慈善文化的起源与形成是按照以下路径产生的：

（1）人类本性中善的思想反映。人类本身就有的人与人之间的友爱基因，是慈善文化产生的萌芽。这种朴素的爱与善的产生是人的原始本能，它支配着具有血缘和地缘关系的人们头脑中，自然就有的慈善潜意识不断放大，由内存到外溢。随着人类生产生活实践的扩大，人们的慈善思想观念也在日益增强，由朴素自然的个人存在，转变为部落与族群的存在，又逐渐演变为一种社会存在。进而产生了原始的民间慈善文化萌芽。

（2）民间百姓约定俗成。当人们的实践活动走出原始部落，形成了一定的地缘经济和较为广大的社会关系后，慈善思想观念也随之由血缘性变为了地缘性，由部落性的观念变为了一定范围内的社会性观念。人们之间的同情、友爱、帮扶就成了民间百姓的一种约定俗成，这种爱与善的约定俗成就是慈善文化的雏形。随着社会人口的流动，各种慈善思想的交流，久而久之便形成了固化，零散的观念变为了沉积的文化。这种文化，也就促使慈善行为由自为慈善向自觉慈善过渡。

（3）古代思想家们的抽象与固化。在社会发展中出现的社会思想家们，经过对人们的友爱与善行的精神和物质表现进行抽象与总结，使人们各种各样的群众中存在的慈善思想观念固化成了理论，便产生了传统慈善文化的核心与基础。例如，中国古代产生的以孔孟为代表的传统慈善思想理论以及后来的各个名人志士对于慈善思想的补充。这些都是来源于社会自为的思想和对社会实践检验了的正确慈善思想的归纳与固化。这些传统慈善思想的产生，构成了人类慈善文化的第一层次。

（4）各种古老的宗教慈爱观念影响。慈爱是宗教慈善理论的重要组成部分，也是各宗教教义的主要内容。各种宗教慈善观及其爱与善的教义，都是人类传统慈善文化形成的重要因素。中国的道教以及从外国传入的佛教、基督教、天主教等宗教的慈善观念的传播，都对中国传统慈善文化的形成产生了重要作用。

综上所述，由于种种原因和过程，产生了社会慈善思想观念和理论，从而在慈善思想理论基础上又派生出了相应的各种文学艺术等慈善文化的内容与表现形式，进而形成了慈善文化的社会形态。

第二节　慈善文化的两种形态

从慈善文化的发展史来看，慈善文化也同慈善行为一样，存在着传统慈善与现代慈善两种不同性质的形态。下面本论就分别来研究和阐述这两种形态的构成与特质。

一、传统慈善文化形态构成与特质

我们知道，慈善文化是人类慈善实践的精神积累和物质痕迹。毫无疑问，传统慈善文化也就是传统慈善的精神积累和物质痕迹。上节的阐述中，已经说明了慈善文化的起源及形成，现在就来研究和分析传统慈善文化形态构成与特质问题。

（一）传统慈善文化形态的构成

慈善思想理论是慈善文化形态的基础。本论认为，两个结合构成了中国传统慈善文化形态的基础。应当这样表述：一是儒家的慈善理念与宗教慈善理念的结合；二是中国本土慈善理念与国外宗教慈善理念的结合，构成了中国传统慈善文化形态的思想理论基础。同时也产生了与传统慈善文化思想理论相适应的有关慈善文化艺术的存在。可以这样总结：两个结合与相关的文化艺术的存在，即是传统慈善文化形态的构成。下面本论再进一步阐述传统慈善文化形态构成的两个方面：

（1）普遍存在于社会中的古代中外慈善思想观念。两种思想理论观念是传统慈善文化基础的一面。第一，民间广泛流传的，被封建社会官方奉行的孔孟"仁爱"理论；如，仁者爱仁，爱心差等，慈善始于家，百善孝为先等思想观点；还有道教的慈爱与施舍的思想理论。这是中国本土的慈善思想文化。第二，广泛存在于民间的由国外传入的各种宗教慈善理念，如最早的佛教慈善观念中的积德行善等；还有后来传入中国的天主教、东正教、基督教的慈爱论，博爱论，以及其他由国外传入的有关人道主义慈善观念等。这是中国传统慈善文化形态的第一方面。

（2）反映慈善观念与行为的文化艺术作品。这些作品以传统慈善思想理论或观念为指导，在作品中通过对一些人和事物的描写来表现人类的真善美的思想和故事。还有一些文人通过神话故事来反映慈善思想观念。例如，小说《西游记》中主人公唐僧，就是一个怀有大慈大悲的人，还有大师兄孙悟空也是一个扬善惩恶的神猴善僧。古代强调百善孝为先。所以，还有反映古代慈孝文化的二十四孝图及其故事等，都是典型的传统慈善文化艺术作品，还有反映当时封建官员救济百姓开仓放粮故事的戏剧、小说等。也有很多民间艺人把一些凡人善举事迹及故事编成戏剧，广为传播。如安微三河镇对"包和尚"化缘修桥的故事，编排成地方戏世代宣扬。这是传统慈善形态的第二方面。

（二）传统慈善文化的特质

特质也是特点，是本质的若干表现。本论认为，传统慈善文化形态具有这样几个特质：

（1）传统慈善文化形态与传统慈善方式相适应。慈善文化是慈善方式的精神反映。传统慈善的社会属性属于血缘性、地缘性的私益慈善行为。所以那时的慈善文化的特点，也是当时传统慈善实践方式的反映。传统慈善存在着显著的"阶梯"与"慈善先家人"的原则等理论。例如，在传统的慈善思想理论中就有"儒家的慈善差等思想"的层次论观点。[①]也就是说，慈善救助要有先有后，有远有近。要先近亲后远亲，再朋友，再其他，先身边后远乡等。同时，中国传统慈善观念同孝道紧密相连，主张百善孝为先，慈孝不分割。另外，这种慈善文化也与当时的社会经济发展水平与家庭生活状况相适应，是社会存在的精神反映。

（2）传统慈善文化思想中，因果报应和感恩报恩的观念突出。由于古代人们的慈善教育普遍受到宗教教义的因果论影响较大，所以，在人们的慈善行为中，许多人行善的目的是为了积德，为了当代自己发迹和子孙后代的兴旺。而且传统慈善是私益慈善，这种慈善行为捐赠主体与受捐主体之间熟习知情，自然而然地就会产生施恩图报、受恩必报的观念或民俗。这些也是由于客观上传统慈善的血缘与地缘关系造成的必然结果。

（3）传统慈善思想重官轻民。据有关学者研究认为，儒家的慈善观念认为，慈善救助应当是官府的职责，民间不易实施救济行为。儒家的慈善思想主张用官府的仁政来解决社会问题，提倡由政府承担救苦救难的社会保障。这也可能是因为那时的生产力水平低、剩余少，民间的救助能力微弱。所以，在古代社会早期民间慈善的规模行为较少，对于弱势和灾害的救援都是政府的公益作为。只是到了明末清初慈善观念转变，政府默认和支持了民间的慈善行为发展，传统慈善思想文化中才有了民众作用的思想。

（三）传统慈善文化形态的成熟与阻断

由于社会政治经济制度的变革，使中国的传统慈善发展由成熟转向了

---

① 见杨国庆著陕西慈善文化研究文库丛书《慈善论》，第40页。

中断。

（1）传统慈善文化形态的成熟。从古代封建社会开始到近代的民国时期，是传统慈善文化形态的形成、发展到成熟阶段。在这个漫长的历史时期中，人们以传统慈善理论和意识为基础的慈善文化，是一直延续不断的，在各个不同的时期中不断充实和丰富。这个阶段人们奉行的慈善文化，也主要是以古代思想家们的慈爱思想和宗教界的慈善理念为核心，加上西方的博爱主义思想。在传统慈善文化中，尤以佛教的慈善思想影响最大。这个时期的精神慈善也极为丰富，出现了大量的精神慈善论点和行为。一是专业慈善宣传兴起。例如，有些人专门撰写善文，刊印善书广泛散发，还广泛开展布施宣讲等活动。二是民间慈善艺术大发展，慈善戏剧层出不穷。三是传统慈善宣传开始走出了宗教范畴。

（2）极左思想对传统文化的阻断。新中国成立后，由于受极左思想观念的支配，传统慈善文化被当成反动的文化被丢弃，慈善文化的历史一度被中止了几十年之多。这个行为的后果，也造成了对两三代人慈善意识的破坏。由于非常时期尤其"文革"期间，对慈善思想和文化的批判和诋毁，使老一代人头脑中的慈善观念和意识日益淡薄，新生一代人从小就失去了慈善文化的熏陶，没有社会慈善意识。

二、现代慈善文化形态构成的思想理论结构

近些年，中国的现代慈善文化超常规地复兴和发展，并迅速地形成了现代慈善文化形态。现在就来阐述现代慈善形态的构成。

（一）现代慈善文化形态的思想理论构成

大家知道，慈善思想理论是慈善化形态的基础与核心。慈善文化中的文学艺术，宣传教育等各个方面都是慈善思想理论的表现和反映。文化表现形式是随着社会技术手段的改变而变化，这种变化不影响文化形态的本质。研究发现，现代慈善文化形态与传统慈善形态的根本区别在于慈善思想理论不同。两种慈善文化形态比较，思想理论的变化是根本上的变化。所以，本论对于现代慈善文化形态构成的研究和阐述，也主要针对慈善思想理论的构成。纵观全球，现代慈善文化形态的思想理论发生了这样的改

变：人们的慈善思想观念，由单纯的慈爱怜悯向着慈爱与利他主义和社会义务与责任相结合转变。慈善文化形态的思想理论基础发生了变化。传统慈善文化形态的基本思想理论主要是人性的慈爱论。现代慈善文化形态的思想理论中，除了慈爱论，利他主义思想与社会义务与责任等理论观念也占据了主要成分。

本论认为，现代慈善形态的思想理论结构：第一，对传统慈善思想理论的继承；二是，现代慈善新思想、新理论的补充与叠加。二者结合即是现代慈善文化形态的思想理论基础。下面本论再进一步阐述这个问题：

（1）传统慈善思想理论的继承。传统慈善思想理论是现代慈善形态的思想基础之一。传统慈善思想理论也就是被现在社会普遍认同的古代中外各种关于慈善仁爱的学说。例如，古今中外各个思想家们的慈善思想言论，有关宗教的慈善理论观念等。这些思想经过长时期的社会实践检验，已经固化在了人们的头脑中，存放在各种形式的载体上，作为现代慈善文化形态思想理论的一个坚实基础，就像人们身体的肌肉和骨骼。这是现代慈善形态思想理论的一个方面。

（2）现代慈善思想理论的补充与叠加。利他主义与社会义务与责任论是现代慈善思想理论的主要观点。所以，现代中外的利他主义慈善思想，与公民和法人社会公益责任或义务的理论与观念，是对现代慈善文化思想理论的补充、完善与叠加。这是现代慈善形态思想理论的另一个方面。

（二）现代慈善文化是对传统慈善文化的发展和延伸

研究发现，现代慈善思想理论也是对传统的人性慈爱思想理论的发展。传统慈善文化与现代慈善文化，不是两个完全割裂的形态，现代慈善文化是在传统慈善文化的基础上或形态中发展起来的。也可以说，传统慈善思想理论是现代慈善思想理论的基础。现代慈善形态中部分思想理论的内容，仍然是对传统慈善文化的继承。慈善作为人性爱和善的基因释放与异化是不会因为时代的变化而改变。有些传统慈善思想理论，必然要与慈善事业同时存在。虽然在传统慈善文化形态中，不存在任何现代慈善文化因素，而现代慈善文化形态中却存在着传统慈善文化成分。所以，在现代慈善事业中提倡弘传统慈善文化也是完全正确的。

综上所述，传统的慈爱论与现代的利他论、义务责任论的结合，构成了现代慈善文化思想理论的核心，也是现代慈善文化形态的理论基础。

第三节 现代慈善文化发展状况与展望

现代慈善文化已经发展形成了较完整的体系状况。但还需要在未来的发展中完善和提升。下面就来阐述当前中国慈善文化发展及体系状况和对未来发展的展望。

一、现代慈善文化的复兴

中国的现代慈善文化新是随着现代慈善事业的复兴而复兴。首先，从1994起恢复了对传统慈善文化的认同。其次，从2008年至今，开始了现代慈善文化的全面大发展。传统媒体和互联网等新媒体都参与了对慈善文化的张扬，尤其是慈善专业类报刊的出现，加大了慈善文化的传播力度，新旧慈善思想观念得到了空前的大普及。同时，还有一些重大慈善活动的举办，有关慈善博物馆的设立，中华慈善奖的颁布实施等都大大地推动了慈善文化的复兴。近年，各地慈善组织还以各种形式开展慈善文化进校园，开启了对孩子们的爱心培育。也有一些慈善会开办了慈善艺术团，有效地增加了慈善文化的传播能量。

二、当前慈善文化体系状况

中国现代慈善文化已经发展到了较为成熟阶段。我们知道，随着慈善事业不断由传统慈善转向了现代慈善，慈善文化也随之复兴，已从单纯的慈善思想理念，向着文学、艺术、新闻、教育、研究等领域发展，已经构成了一个完整的体系或形态，形成了大慈善文化。本论将现存的慈善文化体系构成归纳为以下四个类别：

（一）慈善研究类

慈善思想理论研究是慈善文化形态的核心。慈善研究主要是各种为慈善发展而设立的研究机构。例如，公益慈善研究院、研究中心、研究所、个人研究者等。现在公益慈善类研究单位很多，有大专院校设立的，也有国家机关与大学合办的，还有各种基金会、社会组织主办的。当前慈善理论研究已经形成了专业与业余相结合的较有规模的群体。据估计，目前全国专业研究单位不下几十家。据有关方面统计，近年来仅公开发表的慈善研究论文就有 8000 余篇，还出版了一些专论专著等。

（二）慈善文学艺术类

这里的文学艺术类主要是指各种作品。当前，慈善性质的文学艺术作品已是现在慈善文化体系的重要成员。这主要有慈善戏剧，小说、散文、报告文学及绘画，还有慈善题材的电影、电视剧等。近年来这些文学艺术类的慈善文化作品日益发展，生动、形象、有力地宣扬了慈善事业的正能量，促进了人们慈善灵魂的增长与固化。

（三）慈善宣传类

这里所说的慈善宣传，主要是指作为公益慈善类的新闻出版与网络传播的单位或部门。例如，慈善公益类的报纸、期刊，还有广播电视台的慈善频道、专题节目，慈善类网站与综合网站的专业频道，还有各种慈善博物馆、爱心教育基地等。这些均应视为慈善文化的传播载体，也是慈善事业发展的助推器，是慈善文化体系的重要构成。

（四）慈善教育类

这里所说的慈善教育，主要是各种慈善类的专业和业余教育。如大专院校的有关专业与开设的专业课程，还有相关单位和部门开设的各种培训班等。教育也是最直接的文化建设行为。目前，慈善教育已经日益兴起，慈善文化进校园已比较普遍。据悉，相关的大学正在研究设立慈善专业学科。

三、现代慈善文化发展展望

现代慈善文化一定要与现代慈善事业发展需要相适应。理论和实践都告诉我们，虽然现代慈善文化形态业已形成，但目前还只是初级阶段，未来的慈善文化还应当不断地得到提高和发展，以便适应现代慈善事业的发展需求。具体应该做到六要：

（1）要扬弃传统慈善文化。虽然传统慈善文化是当代慈善文化的基础，但也要在继承过程中对其扬弃。扬弃就是发扬好的，丢掉差的。对于适合的传统慈善文化，尤其传统慈善理论观念要继承和发扬。对于已经与发展现代慈善事业不相符合的慈善文化也要改变，比如，慈善救助等同政府仁政论，慈善付出回报论、感恩论以及宗教慈善理念中的因果关系论等。这些慈善思想理论都应当抛弃。所以，对于传统慈善文化要采取扬弃的原则。

（2）要注重慈善形态结构的合理性。我们知道，现代慈善形态由四个方面构成。这四个方面的比重应当合理，否则就不利于慈善文化的建设和发展。本论认为，现在在慈善文化方面文学艺术类就显得相对不足。

（3）要坚持提质创新由数量向质量发展。现在慈善文化方面的作品及宣传形式较多，但是口号性偏大，感人、动人、感染力强的不多。比如，用艺术形式表现慈善故事的作品，不能用直白说教去表达，要用平常艺术形式来表现人的慈心善举，甚至可以一字不提慈善。电视连续剧《养父的花样年华》全剧没有一句慈善说教，但故事却非常感动人心，是一部优秀的慈善文化剧，中央电视台已反复播放。辽宁瓦房店慈善总会与文艺团体合作的大型辽剧慈善剧《圆谎》，就是慈善文化传播的创新。

（4）要广泛开展联结与协作增加合力。利用电视传媒优势合作开办文化栏目，增加慈善文化传播合力是个好方式。东北绥化市慈善总会就同当地电视台，合作举办了传统慈善文化大讲堂，效果很好。据悉，陕西省慈善协会与西北大学合作创办慈善文化研究院,也是一种联结合作的好方式。

（5）要实现慈善文化与慈善实践的发展需要相适应。发展慈善文化的目的是促进慈善事业的发展。慈善文化的发展不能脱离慈善事业的社会实践需要，不能孤立地就文化而文化。适应或满足于社会实践需要的慈善文化，能够有利于提高人们的慈善意识，促进慈善行为的增多。所以，一定要做到慈善文化与慈善社会实践发展需要相适应，努力为慈善行为的社会实践服务。

（6）要讲究慈善文化行为的成本和效果。慈善文化实践活动也需要耗费，也有成本和作为的效果问题。所以，一切慈善文化行为都要坚持以最小的付出获取最大的效用，努力做到成本最低，效果最大。慈善越是现代化，慈善文化的行为付出越大，社会影响力也就越强，也就越要讲究成本和效果。

第四节　慈善宣传功效与准则

慈善宣传具有慈善文化属性又不同于慈善文化。慈善宣传能促进慈善文化的固化，有利于慈善文化形态的形成和发展。总之，慈善宣传与慈善文化，是一个既有联系又有区别的相互作用关系。本节只对慈善宣传的功效与准则进行研究和探讨。

一、慈善宣传概念内涵与功效

了解慈善宣传概念的内涵与功效，是科学正确地认识慈善宣传的意义和作用的首要问题。

（一）慈善宣传概念的内涵

宣传就是人们向社会或别人强制灌输自己的某种观念和主张。宣传也是对某种观点、思想、主张的张扬或褒贬。慈善宣传是推动慈善事业发展的有力措施和手段。慈善文化及观念的普及需要宣传和张扬，通过宣传张扬，能把慈善思想和实践的精神最大限度地显示光亮，充分发挥其正能量。所以，宣传能有力地将慈善文化打入人们的头脑中，融化到灵魂里。慈善事业的发展离不开宣传。慈善宣传也是慈善文化形态的重要元素。

（二）慈善宣传的两大功效

既然宣传是人们向社会他人灌输自己的观念和主张的行为，那么就必须讲究功效，功效越大越好。本论研究发现，慈善宣传具有两个功效：第一，普及慈善思想观念，推动慈善意识建设。这种宣传一般是没有针对性的普及宣传，也可以简称普宣。第二，直接促进慈善行为的产生，提升个案的慈善捐赠量。这种宣传一般是有针对性的，并有一定行为目的的宣传，本论可以称它为特宣或专宣。下面就来分别阐述宣传的两大功效问题。

第一个功效：对慈善事业的一般推动作用。也就是没有特定对象的普宣。普及性宣传工作在慈善事业中具有十分重要的地位和作用。前面说过，宣传的第一个功效是增加人们的慈善观念，推动社会慈善意识建设。人是综合观念的复合体，在同一个人的头脑中都有善和恶的两种思想观念。有人说，谎言重复万遍就是真理。那种长期不断地、周而复始地向人们灌输一种思想和观念，就会使这种思想和观念在他的头脑中生根，形成一种固化意识，甚至能形成一种主导意识。凡是执着的宗教信仰者之所以那样执着，都是因为他们从思想上彻底接受了某种宗教理论。宗教界普遍进行的集会、礼拜、讲经等行为，目的都是为了巩固、提高信众们的信仰。所以，经常不断地、采取各种措施和手段广泛地向人们灌输慈善思想、理论、个人模范事迹等，一定能让人们头脑中善的观念提高，恶的观念降低或减少。就能形成良好的社会慈善意识，从而为慈善事业的发展提供群众基础。

第二个功效：直接促进慈善捐赠的增加。前面已经说过，宣传的第二功效是有针对性的特宣。也可以说是直接为了获得某种捐助目标的特殊宣传。例如，汶川地震发生后，为了获得援助资金而进行的专项募捐宣传；为了救助凉山贫困儿童而进行的募捐宣传；还有为了救助某些白血病患者而进行的宣传等。这种宣传一般也有两种形式，一是隔空分时的宣传，即利用报纸、网络等媒体进行募捐宣传。二是现场即时宣传，也就是通过集会的形式进行专项募捐动员宣传，什么慈善晚会、酒会等。实践证明，这种有针对性的特宣或专宣，确实能够起到非常好的效果，能即时提高慈善捐赠量。因为这种形式的宣传生动感人，可立即调动受宣者头脑中善和爱的细胞，产生慈善激情，其结果必然是积极奉献。现场宣传还有一个作用，就是能充分调动人的攀比积极性。一个人的善行及其捐赠量，会对周边同量级的人产生影响，张三不想落在李四的后面，你捐多少我也要捐多少。

二、慈善宣传准则

本论认为，慈善宣传也要有一定准则，准则也叫规矩。慈善宣传的准则主要有四条，也叫四讲。一是讲政治；二是讲效果；三是讲人权；四是讲底线。

第一，讲政治。虽然我们在前面的论述中认定，慈善是人道主义援助，不存在政治属性。但在慈善宣传上还必须讲政治。任何慈善活动都是在一定的国度和不同的社会制度、宗教信仰、民风民俗的环境下进行的。慈善宣传也必须遵守我国的各种政策法规，尊重宗教信仰，不违反民风民俗。讲政治也是宣传的第一要务。

第二，讲效果。讲效果也是讲功效。宣传不是目的，目的是提高人们的慈善意识与促进人们慈善捐赠量的提高，促进慈善事业的发展。慈善宣传也有付出，也要耗费人力、物力。实践告诉我们，不一定花钱多，投入大，效果就好。慈善宣传的耗费往往与效果不成正比。所以，大家在从事慈善宣传时，也必须讲究效果，以最小的宣传耗费获得最大的实际功效，让有限的宣传经费用在刀刃上。对于慈善组织来说，宣传经费也是善款的一部分，节约宣传经费也是对慈善资源的扩大。减少无效的宣传，可以将节约的经费用于救助的投入。

第三，讲人权。人要享有人的基本权力，无论道德还是法律都把人权放在了重要位置。国家也始终强调"以人为本"。《慈善法》也规定，捐赠活动中捐赠者与受捐者地位平等，要妥善保护相关人的隐私。由于慈善救助的对象均为社会中相对弱势或绝对弱势的群体，人们在慈善捐赠活动的宣传上往往忽视了受捐人的尊严和感受。实践中会经常出现这种情况，慈善组织为了宣传造势，对于某种捐赠总是要搞各种仪式，并在媒体上发布，还要同时配发照片、录像。这样做极有可能伤害了受助者的尊严。试想，一个贫困母亲上台领取了善款，并上了电视、报纸，他的子女会是什么感受呢？在同学中一定会觉得低人一等。所以，宣传一定要讲究人权，不能为了追求影响，而伤害受捐人。

第四，讲底线。做人做事都有一个最基本的界限和最低的要求。这个界线和要求可以称为底线，慈善宣传也必须讲底线。其底线很多，例如，道德底线、法律底线、实事求是的底线等。对于慈善宣传来说，实事求是的底线尤其重要。因为公信力是慈善组织的生命力，如搞虚假宣传，就会失去人们对慈善的信任，宣传的功效就会相反。也不可以搞过度宣传，过度宣传也同样会引起人们的反感。尤其有的慈善人物对于自己慈善行为过度张扬，其后果一定事与愿违，反而降低了他的形象。实事求是，是慈善宣传的生命线，也是重中之重的底线。

第八章 世界慈善与慈善国际化

世界慈善是慈善的空间概念。世界慈善也谓全球慈善，反之一样。世界不同国家之间的慈善交流、互助、合作，是为国际慈善行为。所谓世界慈善国际化，是说全球的慈善事业将日益打破国家和地域界限，将按照慈善家和慈善组织的意愿，在全球范围内开展慈善业务。研究和弄清世界慈善与慈善国际化问题，有助于大家进一步了认识慈善的性质，以及全球慈善发展面貌和变化规律。

第一节 世界慈善发展的共性与规律

本论先说世界慈善的一般性，也就是存在于世界各国慈善事业中的共性及其规律。了解和掌握世界慈善的共性及其规律，是研究和揭示世界慈善与慈善国际化的首要任务。

一、世界慈善发展的共性

本论研究发现，在世界慈善中存在着一个普遍性与四个相同性。这也是世界慈善的五个共性。现在，就来具体阐述世界慈善的普遍性与相同性。

（一）慈善在世界普遍存在

世界慈善的普遍性，就是慈善在全球是个普遍存在的社会事物。慈善在全世界每个国家、地区、种族及所有人类的群落里，都以不同的形式存在着。无论大国小国强国弱国，经济社会高度发达的国家，还是贫困落后甚至原始状态的部落里，都有慈善或慈善行为的存在。当前，文明的国度里是为慈善事业，原始的部落里是为慈善行为。总之，慈善一定是普遍共有的。这就是世界慈善的普通性。

（二）世界慈善付出的本质相同

在世界普遍存在的慈善行为中，都有一个共同的本质。我们知道，在慈善学范畴，慈善即是社会某个主体对相对弱势主体没有回报的自愿捐赠，是一种无私且利他的付出行为。在全世界各个国家和地区，各个不同民族的不同时期里，不管是其古老传统的私益慈善行为，还是现代的公益慈善行为，都是一种奉献，一种没有任何物质回报的付出。慈善捐赠物质也同样是三种形式。

（三）世界慈善事业的社会属性相同

慈善行为一旦构成一种社会有组织的自觉行为，就成了慈善事业，就成为一个国家社会形态中的一部分。世界所有慈善事业都有一个共同的社会属性，即是国家民生保障的补充，是政府民生工作的助手。还有，慈善组织均为非盈利组织，享受政府的税收等优惠待遇，慈善捐赠能获得一定的免税或扣税。总之，由于慈善事业在各国均属社会保障性质的事业，与政府的民生公益是一致的。

（四）慈善文化的来源与思想基础相同

慈善文化既是慈善实践的产物，也是慈善事业发展的精神基础与支撑。世界各国的慈善与慈善事业中的慈善文化或慈善文化的核心，即慈善思想观念均部分地产生于宗教慈善思想理论。在西方世界美英等国，均以基督教及天主教等慈善思想理论做为传统慈善文化的核心要件。佛教、伊斯兰教、东正教等宗教慈善思想均在不同国家、地区、民族中发挥重要作用。

（五）慈善形态变化的步骤相同

这里所说的慈善形态变化的步骤，是指人类慈善形态的社会行为方式等变化过程和顺序。前面已经说过，人类慈善到目前为止，经历了自为慈善、传统慈善、现代慈善的形态变化。（关于慈善形态问题在十二章里还要专门研讨）世界各国虽然信仰、政治制度、社会经济模式不同，但慈善事业的发展顺序是一致的，即从自为慈善开始，发展到传统慈善，再从传统慈善发展到现代慈善。都要经过这样一个历程，没有哪一个国家一下子就进入了现代慈善事业模式。慈善事业的发展阶段性也同人类的历史一样是不可跳跃的。

二、造就世界慈善本质相同性的因素

以上论述告诉大家,世界慈善的本质是一样的。本论在第一章第一节里也已阐明了世界慈善本质的相同性。现在本论再对其本质及相同性的原因作进一步阐述。研究发现,世界慈善本质的相同性主要是由以下几个因素决定的:

第一,因为慈善是人道主义援助事业,是人的本性中善的能量释放。人,全世界各种肤色不同的人,不管在自然属性上存在这样或那样的不同,或是文化上有差异,而其本性是一样的,都存在着爱和善的基因。在一定的条件下这些善的基因就会得到释放,就要行善。

第二,慈善的民间属性。慈善是一种民间的群众社会行为,是百姓的一种志愿事业。慈善的属性,不受党派和政府的政治主张和国际关系的影响。不会因为国家的政治制度的不同,慈善组织就变成了行恶不善的组织。例如,国际红十字会医院,在战时对敌方的伤员也实施同样的救助。所以,虽然世界各国的政治、经济制度有所不同,但其慈善性质相同。

但是,由于国家体制、民族文化、宗教信仰的差异,世界各地慈善的具体方式和方法会有所不同,也就是本质上一致、形式上差异。各个民族都有自己的禁忌物,捐赠物品一定要讲究。还有,在现代慈善事业中,由于政府认同的差别,各国对慈善发展的政策法规也不同,其发展模式也各异。

三、世界慈善发展的梯次与规律

本论第三章指出,慈善事业发展由社会经济发展状况等六个因素决定。由于世界各国的社会经济发展等因素不同,所以,世界慈善发展的水平也存在着严重的不平衡性。同时,还存在着一定的规律性。现在就来阐述世界慈善发展梯次与规律问题。

（一）世界慈善事业发展的梯次

这里所讲的梯次是指在世界范围内各国的慈善发展水平比较情况。本论分析认为，当前世界慈善可分为四个类型或梯次。

（1）低级原始型。所谓低级原始型，就是慈善行为十分原始，慈善只处于自为慈善与传统慈善之间，最高也就是传统慈善水平。比如，一些极度贫困落后的国家、民族，还有仍然是原始社会状态的部落以及个别政治上极端的国家慈善事业。

（2）传统过渡型。我们所说的传统过渡型，也就是在其慈善的社会形态中，既有传统慈善方式，也有现代慈善方式，而且传统慈善方式占有主要成分，正在处于传统慈善向现代慈善的过渡。这主要是一些相对落后的发展中国家的慈善事业。

（3）现代发展型。现代发展型即是社会慈善事业已经成为国家的一种社会分工，慈善组织成了独立的第三社会部门，有比较健全的慈善法律法规体系。慈善事业基本进入了现代慈善形态阶段。这主要是指一些经济较为发达国家的现代慈善事业模式。

（4）创新引领型。也就是世界慈善行业最先进的，已超出了现代慈善意义的创新慈善。这主要存在于个别发达国家的慈善事业中。

（二）世界慈善发展变化规律

本论认为，世界慈善存在以下三条发展变化规律：

（1）慈善事业发展梯次与社会经济状况成正比。前面已经说过，世界慈善事业发展存在着四个梯次或等级，而慈善事业的发展是由六种因素决定的。从世界慈善的发展来看，一国的慈善事业模式及其状态主要由该国的社会经济状况决定。社会经济发展状况越好，慈善事业的发展梯次越高，反之越低。实践会充分地证明这个判断。我们从现在世界各国慈善现状与其社会经济状况稍作比较，就会一目了然。美英等国社会经济发达，其慈善事业也同样发达，非洲等国社会经济落后其慈善事业也同样落后。慈善事业的发展梯次与社会经济状况完全对应。总之，一个国家的慈善事业发展梯次与其社会经济发展状况成正比。这是世界慈善事业发展的首条规律。

（2）政府监管力度与慈善事业发展程度紧密相连。任何一种社会事物，都需要在社会公共权力的监督和约束下存在和发展。当慈善事业发展成为社会公共性事物，就必然要产生政府的监督与管理。从对世界各国的慈善事业发展经历和现状的研究后，得出这样一个结论：政府监管力度与慈善事业发展程度紧密相连。比如，在自为慈善阶段，政府对慈善不存在任何管理问题。传统慈善阶段，政府对慈善事业的管理也相对松散。到了现代慈善阶段政府对于慈善事业的管理就有了十分完善、系统的法律法规。而且慈善事业的现代化程度越高其监管的力度也就越大。慈善事业的发展程度与政府监管的力度也是一种正比关系。这是世界慈善事业发展的第二条规律。

（3）慈善事业与公共利益的一致性与矛盾性。从对世界慈善事业的分析来看，都存在着这样一个问题，即慈善与公共利益的二重性，即利益的一致与矛盾。从一致上来讲，一切慈善事业均符合公共利益原则，只要是慈善，不管其行为性质是私益慈善还是公益慈善，都是社会公益，都有利于社会公共利益，政府部门都会支持其发展。另一方面，慈善也与政府或公共利益存在矛盾的一面。首先存在着分配权利的矛盾。比如，有些慈善的经济资源是政府的税收出让，这部分用于百姓民生的资金就由政府的二次分配变为了慈善的三次分配。这样，就存在一个适当比例问题。还有慈善组织对于慈善资金使用是否公平、公正、合理的问题，是否能完全符合公共利益原则。所以，慈善事业的发展与公共利益存在既一致又矛盾的问题。因此，就出现了世界各国对于慈善事业各有不同的管理办法及税收政策。例如，美国由国家税务局主管，英国、澳大利亚则成立了专门的慈善委员会，中国则由民政部与税务部门管理等。这个二重性问题也是世界慈善事业发展的第三条规律。

第二节　世界现代慈善的先进模式

世界各个国家的慈善事业，也同其他社会事业一样，总是在不断发展变化中。它的变化一般也是循着由低级向高级的演变。现在，就来阐述世界慈善发展的先进模式。

世界慈善的先进模式,也是存在于世界中的慈善事业最先进、最现代的国家慈善行为。模式概念的内涵大于方式。慈善的先进模式可能是一国,也可能是多国。确定一个国家或地区的的慈善水平,是否达到了先进模式,主要有以下几个标准:

(一)公益慈善成为社会慈善行为构成的主要成分

慈善行为的公益性程度大。这里所说的慈善行为构成是指公益慈善与私益慈善的比例。大家知道,一般来说在社会慈善行为构成中,公益慈善所占的比例越大,社会慈善事业发展的水平就越高,慈善事业的属性就越先进,反之就越落后。在传统慈善方式中,人们的慈善行为主要是具有血缘和地缘关系的私益慈善,公益慈善是现代慈善的产物。所以,慈善行为构成是衡量一个国家或地区慈善属性的重要标准。只有在慈善行为构成中,公益慈善所占比例超过百分之七十以上才能视为现代慈善的先进模式。

(二)慈善组织由劝募为主到劝募与经营增殖并重

慈善组织成为社会慈善行为实践的主体,是现代慈善事业的表现之一。但是仅有慈善组织成为社会慈善实践的主体还不能确认其慈善模式的先进性,只有广大慈善组织的慈善资金来源由劝募为主到劝募与经营增殖并重,这才表明其慈善模式的先进性。现在,慈善事业发达国家的慈善组织都已逐步开始由单纯劝募型向经营型转变。这种经营型的慈善运作模式应是当前世界较先进的慈善组织运营模式。

(三)慈善信托成为社会慈善的重要运作方式

慈善信托是公益慈善发展的结果,也是现代慈善的先进运作行为。一个国家或地区的慈善信托发展越好,其慈善事业的现代化程度就越高。当慈善信托成为一国慈善资本运作的主流之一,就表明这个国家慈善事业发展到了现代慈善的先进阶段,其慈善事业即成为世界先进模式。

(四)人均捐赠价值量高于世界平均水平,捐赠价值构成中货币超过物资

人均捐赠价值量是衡量社会慈善事业发展水平的重要指标,只有高于世界平均水平才能说明其慈善事业的先进性。而且捐赠价值构成情况,也是反映社会慈善事业发展水平的重要标志,只有货币超过物资才能体现慈善事业的现代性和先进性。

第三节　慈善事业国际化的实践与发展

前面的有关论述已经告诉大家,慈善事业是人类共有的事物,它普遍存在于世界各国、各地区、各民族之中。然而,在社会发展过程中由于各种因素的作用和慈善的特质,慈善事业也要在国际间产生互动、互联、互助而使慈善迈向国际化,形成国际慈善事业。

一、慈善事业国际化的必然性

慈善事业国际化,是指世界各国慈善的互容、互助、互享,共同发展。慈善事业国际化是一种必然趋势,是世界慈善事业发展的必然规律。这种必然性和规律性,是由人类慈善思想观念与现实社会发展不平衡性的矛盾冲突导致的。我们也可以这样说:人类人道主义的慈善理念与世界经济社会发展不平衡性矛盾,决定了世界慈善国际化的产生与发展。

第一,人类慈善理念的共同性是矛盾的主观方面。从慈善思想理论来看,慈善是人道主义救助,是人性善的释放。慈善思想观念尤其宗教慈善观念认为,慈善是大爱的救助、博爱的救助、是对全人类的爱,爱无国界、民族、种族之分。这也是慈善的本质方面。这个本质促发了人们打破国家界线开展慈善行为的思想动机。

第二,社会经济发展的不平衡性是矛盾的客观方面。世界上各国之间生活状况的差异是不以人们的愿望为转移的。由于各种因素的作用,贫困、饥饿、疾病、灾荒、灾害一直存在于许多国家之中,需要关爱援助和救济的人很多。这种国际弱势情况的存在,为慈善事业创造了客观需求。

第三,主客观矛盾的冲突必然促使国际慈善事业的形成。国际上这种人类慈善理念与客观发展的不平衡冲突,必然会产生人类慈爱的更大"移情"和输出,与另一方面存在着需要救助的需求产生了结合,就形成了国家间慈善行为实践,促成了国际慈善事业的发展。

由于世界慈善的本质一样，慈善也最有国际互通性。这也是慈善国际化必然性的一个积极的条件。慈善的交流与输出是最易被广泛接受，是最能增进友谊和团结的纽带。商业交往可能产生经济纠纷，政治交往会产生对立；军事输出与战争会造成严重伤害和增加民族仇恨。慈善事业一定相反。纯粹人道主义救死扶伤的国际红十字的社会实践就是最好的例证。

以上论述阐明了慈善事业国际化发展的必然性。

二、现代慈善事业国际化实践

国际慈善是一种从世界范围内调节人类必要生活资料的民间自愿行为。世界经济发展使一些国家剩余物质的增多，与交通运输、资金汇兑的方便，促成了大量的国际慈善行为成为现实。

（一）国际慈善实践的客观环境适宜

现代金融业汇兑和运输及通信业务的发展，为慈善组织的国际慈善提供了方便和支持。不但价值性的货币捐赠比较方便给付，物资捐赠也极其便利，如药品、粮食、医疗器械、救生用品等。一般来说，各国政府也都支持欢迎国际慈善活动，这在政策和法律上也为慈善组织的国际活动提供了又一保障。

（二）国际慈善救助的两大类型

世界国际间的慈善行为也是多种多样的，但从其行为过程来看，主要可分为两种类型，第一，一次性的救助行为，也叫单次行为。这主要是针对突发的自然灾害和社会灾害进行的救济与援助。社会灾害主要是由于战争或政治动乱造成的疾病、饥饿等社会问题。一次性救助行为也是国际慈善初始期的主要表现。第二，固定性连续救助。这主要是各种固定的常规慈善项目的举措。比如，开办学校对贫困者免费教育、设立医院治病救人等。随着国际慈善事业的发展，在国际慈善救助中，一次性救助行为与固定常规项目救助的比例关系也会不断变化。随着实践时间的延长，在两种行为的构成中，固定的常规项目性行为会日益增多，而一次的行为会相对减少。这也是慈善国际化程度提高的表现。

（三）国际慈善救助的初始与互为

慈善实践已证明，世界慈善国际化正在日益迈进、日益提高。据了解，早年的慈善输出主要是宗教慈善行为。比如基督教在异国开办的学校、医院等，还有国际红十字会系统的全球慈善行为。随着慈善事业的发展，国际慈善逐渐超出了宗教范畴，各个发达国家的民间慈善组织纷纷走出国门，走向世界。现在一些发达国家的著名慈善组织都积极地在世界不发达国家开展慈善事业。据有关资料反映，中国某全国性慈善组织，已与美国的联合之路、世界宣明会等组织，建立了长期合作开展慈善业务的关系。美国的微笑列车唇腭裂儿童先天病救治等也都走进了中国。另有报告显示，中国也有些慈善组织走进了非洲，实施医疗和教育帮助。实践中，往往在某国重大的自然灾害发生后，总有各国的慈善组织参与救灾、救援。为救助非洲贫困民众，世界很多国家的志愿者前往当地提供帮助，并开展常规固定的慈善救助。

三、未来慈善国际化发展四大趋势

慈善事业国际化是一种必然的趋势。本论认为，未来慈善事业国际化发展将有以下四大趋势：

（一）慈善的国际化程度会日益提高

现在慈善事业国际化的程度还很低，仅处于初级阶段。随着各国慈善事业的发展，一些发达国家与经济较发达的发展中国家，随着国内绝对贫困与救助对象的减少，会把一些慈善资源转移到境外，开展国际间的救助。这样，一定会致使慈善国际化的程度不断提高再提高。

（二）常规援助项目成为国际慈善行为主流

常规援助项目是现代慈善的表现。随着慈善事业国际化程度的提高，在国际慈善救助中，常规固定有规律的救助，一定要比突发性、临时性、一次性救助比例提高。慈善救助将由突发性、灾害性救助为主，转变为常规项目为主。常规救助将成为主流。国际红十字会是世界最成功的常规固定的世界慈善项目。

（三）授人以渔的基础救助项目比例增多

国际间的慈善行为将由救急、救饥的单纯施与财物，转向从根本上脱贫致富的项目建设。这主要是开展脱贫致富的慈善工程捐献，投资建企，修筑道路，通过慈善经营消除贫困等。这些项目将会日益增多。

（四）各国慈善组织实现广泛联结

国际慈善救助是完全的公益慈善行为，是利他主义的表现。救助行为的两个主体互不相识，且空间距离大，范围广，需要地域性慈善组织的配合和协作。这样可以大大提高慈善行为效率和效果，节约国际慈善运作的社会成本。所以，慈善事业的国际化必然需要和推动国际间慈善组织的大联合、大协作，必将产生大量新型的现代化国际性慈善联合组织。红十字会就是世界最大、最成功的国际化慈善联合组织。

第九章 慈善资本积累、慈善信托、慈善商业

慈善资本积累、慈善信托、慈善商业,是现代慈善事业发展的产物,也是现代慈善事业中三个主要表现形式和重要理论问题,又是未来慈善实践中比较复杂的问题。本章就对这三个问题进行研究和讨论。

第一节 慈善资本积累及其若干问题

慈善资本积累是本论推出的慈善理论新概念,也是本论必须研究和阐明的理论问题。本论就先于本节研究和阐述慈善资本积累。

一、慈善资本积累的概念与必要性

本论还是从什么是慈善资本积累开始,研究本节需要解决的理论问题。

(一)慈善资本积累的三个概念

慈善资本积累的三个概念是理解和掌握慈善资本积累的理论基础。下面就逐一阐述。

(1)慈善资本。本文所讲慈善资本,是指慈善组织用于慈善活动的本金或基金。这些本金或基金同时具有带来增殖或产生新的价值功能。政治经济学原理告诉我们,资本是带来价值的价值。所以,本论借用了经济学概念,将能够带来增殖的慈善基金称为慈善资本。慈善资本还可分为个别资本和社会资本。单个慈善组织或慈善行为人的慈善资本称为单个慈善资本;在一个国家或一个地区内,也就是某个行政辖区范围内,各个单个慈善资本相加的总和为社会慈善资本。慈善资本还可分为地区社会慈善资本、国家社会慈善资本、世界社会慈善资本。

另外，这里还有必要解释一下增值与增殖的概念。在经济学上，增值是指某种物质体因市场变化等因素使其价值增加，如，房子由每平方米五千元涨价到了一万元。增殖是指资本经过经营运作过程，产生出新的增加了的价值，是资本经营的繁殖。

（2）慈善资本的积累与再积累。这里，本论还是借用经济学概念，把慈善资本的积聚与集中叫积累。继续进行的慈善资本积聚与集中叫再积累。积聚是指单个慈善资本的自我增殖与滚动累进。集中是指社会各个零散的慈善资金的集合，这种集合可能是一点或多点。集合能在短时间内将零散的资本资源归拢到一起，形成慈善资本的有效社会作为。一切为慈善资本积累和再积累的捐赠和增殖的行为，均为公益慈善行为。

（3）慈善与再慈善。慈善是指当下正在进行的慈善行为。再慈善是指将要继续进行的慈善行为。慈善尤其现代慈善将是一个不断的慈善与再慈善反复进行的事业。社会个别慈善组织的慈善行为总是力图不断反复作为；整个社会的慈善事业也要不断地反复作为。

（二）慈善资本积累的必要性

慈善资本必须不断积累。这种必要性主要有以下两点：

（1）慈善事业对物质需求的必要性，决定了资本积累的必要性。慈善行为的物质基础是价值或各种有价物。慈善活动必须拥有相当的物质基础才能持续进行。只要社会存在慈善事业的需求，就必然存在着对慈善物质的需求，也就必然需要慈善资本的积累。慈善是解决社会问题不可缺少的手段，慈善积累则是慈善事业的必须条件。

（2）再慈善的必要性决定了再积累的必要性。各种社会问题，在相当长的历史时期内必然始终存在。这种社会问题的继续存在，就要求社会慈善事业要继续进行。所以，就需要不断地再慈善和再积累。慈善需要不断地周而复始地进行，积累也要不断地周而复始地进行。大家知道，一般以慈善为宗旨的社会组织名称都冠以某某慈善基金会，故名思义，这种慈善组织就是利用初始基金为资本，不断地再积累和再慈善，也就是不断地将其增殖部分用于公益慈善的运作与再运作。

（三）慈善资金转换为资本的益处

慈善资金必须转换为资本。慈善资金转换为资本进入社会经济体系中具有三种益处。第一，增加了慈善组织的慈善作为物质能量，使慈善组织受益。第二，由于慈善组织的慈善资金量增多，社会救助能力扩大，使社会弱势群体受益。第三，盘活了社会闲置资金，增加了社会经济的资本量，促进了社会经济效益的提高，使整个国民经济受益。随着慈善事业的发展，慈善资本量也会越来越大。慈善资本进入市场，也是一笔巨大的社会财富。

二、慈善资本积累的两种形式

慈善资本积累通常有两种形式，即资本的集中与积聚。现在就来分别阐述。

（一）慈善资本集中积累

社会各界捐予慈善组织的善款或由基金会出资人提供资金的方式，称为慈善资本的集中。资本集中是慈善资本积累的方式之一。也可以把这种积累称为捐赠积累，也是无风险的积累。这种积累就是把单个自然人和法人或其他组织的捐赠物质集中到某个专业慈善组织里。从慈善捐赠的物质形式来看，这种捐赠积累主要是货币和物资两种形式。劳务由于劳动能力是存在于志愿者体内的物质，每当使用时才能付出，这种物质是无法先支后用的，是不需要积累，也无法积累的。志愿者慈善组织的积累只能是可能提供劳务捐赠的活体数量，也就是志愿者的人数、队伍。

互联网众筹募捐是现代慈善资本集中的一种方式。这种方式正在日益发挥作用，参与人数日益增加，募集善款数量也在日益增多。公共场所的募捐箱也是一种慈善资本集中性质的积累方式。募捐箱是大家非常熟悉的老旧募捐方式，但它也是为公益慈善事业募集或积累资本的一种不可缺少的好方式。

（二）慈善资本积聚积累

慈善资本积聚就是慈善组织通过使用自有的慈善资本或基金进行的各种经营增殖行为。也就是通过开展慈善经营，获得利润、利息、股息等收入来增加慈善资本量。例如，购买各种股票、股权；参与企业经营，直接创办企业等。我们把这种积累也称为增殖积累。这是一种有风险的积累，搞得好，能够增殖、增加慈善资本价值量。搞得不好，不但增不了殖，本金也有损失的可能。所以，慈善资本积聚的增殖积累，也是极其复杂的、科学的事情，需要非常谨慎运作。

三、慈善资本增殖积累风险规避

在慈善资本积累的两种形式中，资本集中无风险可言。这里所说的风险主要是指资本积聚的增殖运作。慈善资本增殖运作必然要走进市场，实行各种投资经营。市场运作既能带来收入，也存在严重风险，这是市场经济的一般规律。慈善资金进入了市场就改变了身份，就只有一个"资本"的属性了，存在着盈利与亏损的两种可能。所以，资本增殖经营，最大的问题是防范风险，千方百计把风险降到最低。要规避慈善经营风险应有以下几种措施：

（一）严格按照市场经济规律办事，改变慈善捐赠的思维和做法

慈善捐赠运作更多的是按照人道主义爱心行为的惯性规律操作的。慈善经营不能讲爱心和奉献，来不得半点同情和怜悯。从经营这一点上，慈善组织的灵魂也必须是资本的灵魂，资本的投入目的很明确就是要带回利润。在运作上也要对投资项目及相关环境进行严格地调研论证。慈善组织要建立科学严格的投资规则，减少盲目性，提高自觉性。

（二）要控制贪欲，严格按照政府相关规定选择投资领域

最近，民政部就出台了有关慈善组织经营投入的规定。慈善经营不能为了追求高额回报向风险较大的领域投资。市场经济规律告诉我们，回报率和风险率成正比。慈善资本的特殊性，也决定了投资不能指向高风险。

（三）培养选拔专业经营人才

慈善经营与捐赠运作是两个完全不同的领域。对于相当规模的慈善组织要有专门的经营人员。专业人员专门运作能提高经济效果，降低投资风险率。

（四）要建立和实施奖惩制度，责任追究制度

要对经营决策和执行人员有奖有罚，投资成功利润达到或超过预期的要奖励。否则，对造成亏损的要惩罚。从事经营人员的报酬也可与慈善项目运作者不同，参照社会一般企业办理。

第二节 慈善信托及若干问题

大家知道，在当前慈善事业实践中，也会经常碰到慈善信托这样的概念。《慈善法》中也有关于慈善信托的法条规定。现在本论就来研究和阐述慈善信托问题。

一、慈善信托的概念及相关问题

首先要告诉大家，什么是慈善信托，以及慈善信托的若干基本问题。

（一）什么叫慈善信托

慈善信托就是某个财物所有人，将其财物作为慈善物质委托给他人管理运作。这里的财物包括货币、地产、实物、股权、知识产权等。受托人要按照委托人的意愿对慈善基金进行管理、投资，用其投资收益进行公益慈善活动。慈善信托获得收益再慈善的对象必须是不确定的某些社会群众或社会公益事业，不能将收益捐给指定的具体对象。比如，老张将一千万人民币委托给某慈善基金会，确定将每年的运作收益捐给西部某市若干贫困学生。这就是慈善信托行为。慈善信托的本金可以转移受托人，但不得再返给委托人。慈善信托与商业信托不同。虽然慈善信托也是公益信托，但慈善信托必须是公益慈善。慈善信托与公益信托也有区别。

（二）慈善信托的三个主体与基本约定

在同一个慈善信托的行为中，存在着三个主体：一是委托人，即是慈善财物出让人；二是受托人，即是慈善财物管理与运营者。法律规定，受托人只能是慈善组织和信托公司。三是受益人，即接受捐赠者。受益人是事先约定的某种社会群体或公益事业。慈善信托行为是通过委托人与受托人两个主体，依照法律规定协商确定的契约，并经政府主管部门备案成立。

所以，慈善信托也是一种委托人与受托人的契约慈善行为，责、权、利均由双方依法确定，并按约定规范各自的行为。慈善信托也是一种利他行为，也是两个主体为另一个受益人主体实现慈善作为的过程。

（三）慈善信托也是慈善事业的一种捐赠行为方式

慈善信托也是一种慈善捐赠行为。因为，慈善信托也是捐赠，是一种没有回报的自愿付出。慈善信托一旦成立，信托的本金与收益均与委托人无关。等于该项资产转移到社会慈善事业中，成了公共财富。慈善信托与一般慈善捐赠不同，它把善款的一次使用变成了多次使用的慈善资源。将慈善资金变成了能够产生再慈善资源的资本。它是慈善事业发展的高级方式，这种方式使慈善行为变得更具有公益性、公共性，也使慈善变得更加可持续性、稳定性。也是一种"授之以渔"的慈善方式，也是用慈善资本积聚的积累方式实现的不断再慈善。

二、慈善信托对于慈善事业的社会意义

慈善信托对于慈善事业的社会意义很大，具体有以下几个方面：

（一）促成了慈善行业内部新分工

我们知道，社会分工和行业内部分工越来越细。慈善事业是一种新的社会分工，然而慈善事业的发展，也会不断产生各种类别的行业内部分工，如慈善行为组织、慈善研究机构、慈善文化机构等。慈善行为的组织内部还要有不同职别和类别的分工。慈善信托业务为慈善行为组织或信托公司又增加了一个新的专业打理信托项目的工种。慈善信托的专业性和复杂性，也要求慈善组织内一定要有专门从事信托工作的部门或人员。慈善事业的这种分工也是行业发展的必然结果。以后伴随着慈善事业的发展和提升，还会在慈善组织内部再增加若干种分工。

（二）节约慈善行为的社会成本，提高慈善基金使用效果

由于慈善信托使委托人的财物交由慈善组织或信托公司运营，免去了委托人再行设立基金或基金会的必要。而受托人利用现有的组织资源运作，可以大大降低运营成本，减少了慈善资金的扣除，增加了慈善资金量，提高了慈善的社会效果。同时，由于慈善组织的专业化运作，也可以保证委

托人慈善基金的安全和使用效果。

（三）有利于实现捐赠者意愿、促进慈善捐赠的增加

慈善信托由于交付专业组织运作和其可转移性，另行选择性，可以圆满实现委托人的慈善愿望。从而能充分调动社会法人和自然人的慈善信托积极性，增加社会慈善捐赠总量和慈善可持续发展能力。

由此可见，慈善信托是值得提倡和鼓励的慈善行为方式。

三、慈善信托与慈善委托

慈善信托是一种可持续的慈善再慈善的慈善行为。但是，在慈善实践中还有一种具有慈善信托性质的行为，本论称它为慈善委托。这里也可以把这种慈善委托，称为次等级的慈善信托。

慈善委托，也就是某个社会捐赠主体将财物委托给某慈善组织一次性捐出。也可以把这种行为称做简单慈善信托。再进一步讲，慈善委托就是委托人将自己一笔善款或善物交给可信任的某慈善组织，由该慈善组织按照委托人的意愿实现慈善行为，达到慈善目的。例如，张老三把自己的一千万元资金作为扶贫救助善款，交给了某省慈善会由其一次性发放给相关贫困户；再如，某残障工具公司将一百把轮椅交给某慈善会由其发放给某地区的相关人士。这种委托是一次性的，一次一议的委托。项目过程结束，委托自然结束。

本论还可以把慈善委托称为不完全的慈善信托。首先，慈善委托也是委托人建立在对某个慈善组织信任基础之上的。任何一个行善人都不会把自己的财物任意交给没有社会公信力的慈善组织。其次，委托及其实现过程中也存在着甲、乙、丙三个主体。再次，委托一旦成立，慈善标的物不得再返回委托人。但是，无论如何还不能把慈善委托等同于慈善信托，它们只是本质近似的慈善行为。

四、慈善信托的实践与未来发展趋势

本论研究发现，中国的慈善信托实践严重滞后于理论和法规，与发达国家相比差距很大。据悉，慈善信托最早始于英国，至今已有四百年历史，

在中国还是个新生事物。但是慈善信托的未来发展是必然的趋势。

（一）慈善信托处于初始阶段

现在中国的慈善信托还处于初始阶段。据介绍，当前慈善信托的实际成立比较有限，尤其慈善组织接受委托就更少。据悉，《慈善法》实施当年全国仅有21单。慈善信托成立的单子太少的主要原因是，该种慈善行为方式正式获得法律认可的时间较短，加之中国的慈善家们对于这种行善手段还认识不够。还有，中国长时期的小农经济思想观念根深蒂固，一些企业家、慈善家们已习惯于小而全的运作方式，宁愿自己成立基金会，也不去搞信托。任何一种新生事物都有一个认识过程，慈善信托事业也是一样。所以，在中国，慈善信托只是刚刚开垦的慈善处女地，实践中付诸实施的单子少也是正常的。

（二）未来发展是必然的趋势

尽管目前慈善信托还处于初始阶段，但必须相信，这种慈善方式在未来的慈善事业中一定会有很大的发展，发展是慈善信托的必然趋势。一方面，随着社会经济不断发展，人们财富观念和人生价值观的提升和转变，会促使更多的财富转移到慈善事业中，做为慈善基金回馈社会。另一方面，慈善信托将慈善基金交给专业化运营机构管理，会使基金更加安全，也更能精准地实现委托者或慈善家们的意愿。还有，随着捐赠者对捐赠认识的提高和转变，会逐步减少自己独立设立基金会意愿，增加依靠慈善信托实现慈善捐赠的积极性。所以，慈善信托定会日益增多，成为慈善行为的重要方式和途径。数据显示，近年慈善信托已有不断增长趋势。据介绍，截至2016年年底，全国范围内仅备案了21单慈善信托，而2019年4月的数据是170单。可见，慈善信托的发展趋势。

第三节 慈善商业特质与相关问题

慈善商业是现代公益慈善事业的一种新方式，也是慈善资本积累的一种方式和途径。本节就来讨论慈善商业及若干问题。

一、慈善商业与商业慈善

慈善商业是个新概念。然而，在慈善实践中也存在着大量的商业慈善行为。所以什么是慈善商业，商业慈善是什么以及它们二者之间的关系，是本节首先要弄清的问题。

（一）慈善商业的概念

本论首先阐述一下慈善商业的概念。所谓慈善商业，就是社会某些主体或慈善组织，通过设立经济实体，开展商业经营活动来实现某种慈善目的，或者是为了某种慈善目的而开展的商业经营活动。例如，当前各地广泛兴起的慈善超市，就是典型的慈善商业一种形式。现在许多综合性慈善会，都在当地开设了一个或多个慈善超市，为弱势群众提供日用消费品援助。慈善超市通过对贫困人群提供低价或折价物品，或免费提供社会捐赠的衣物等生活用品，来实施慈善救助。慈善商业也就是用于社会救助或援助的商业经营活动。这种经营活动，可以是工厂或商店或医院等。

（二）商业慈善的性质和表现

先说商业的概念。大家对商业一词都十分熟悉，商业就是为了获得利润而专门从事生产经营与服务的各种企业。现在，再说什么是商业慈善。商业慈善就是社会一般的商品生产与服务企业的慈善行为。这种慈善行为目前主要有这样两种形式：

（1）用经营获得的利润，部分捐赠于慈善事业。有的是定期不定期的捐赠，有的还与经营状况挂钩，按商品销售情况提取善款。例如，在某商业慈善一条街上，所有商店都把卖出的每件商品拿出一元钱捐给慈善会。还有的按照销售额的比例提取善款。许多有能力的企业还参与抗灾救灾等活动，捐资兴建文化教育等公益事业，设立公益慈善基金会等。

（2）用经营企业解决贫困地区就业、发展生产、解决产品销路等办法提供援助。目前这种慈善商业行为很多，表现形式也多种多样。宁夏自治区政府组织实施的"黄河善谷"工程，就是一个大型的商业慈善项目。它们的目的是通过吸引各地在宁夏黄河岸边特定地区内集中投资设立企业，发展经济解决地区贫困问题。

（三）慈善商业与商业慈善的联系与区别

由于慈善商业与商业慈善在经营过程中表现一样，而且都以不同的方式为慈善事业作贡献，产生诸多联系和同一性，所以人们往往在理论上把它们混为一谈。实则不然。前面的论述已经告诉我们，慈善商业与商业慈善是两个内涵不同的概念，二者具有本质的区别。为了更好地区分慈善商业与商业慈善的不同，这里还有必要再进一步明确它们的差别。

（1）生产经营目的不同。从经营目的来说，慈善商业是为了解决社会问题，投资人不追求私益回报，始终把解决社会问题作为自己追求的目标。而商业慈善则是为了追求利润，投资人投资是为了获得更大的回报，始终把利润最大化作为自己的目的。

（2）利润分配办法不同。从经营成果来看，慈善商业要把经营利润做为慈善资本积累用于扩大再生产，或用于社会救助。而商业慈善经营成果的纯利润主要作为投资人的回报进行分配，其次才是用于慈善捐赠。利润处理方式是决定经营性质的根本标准。

总之，慈善商业的本质是慈善，商业慈善的本质是商业。实践中，慈善商业企业与商业慈善企业对比，前者要大大少于后者。但是，随着社会慈善事业的发展，慈善商业企业的占比将会不断提升。这也是必然的规律。

二、慈善商业的资本循环

大家已经知道，慈善商业是一种慈善行为方式，是社会有关主体或慈善组织通过各种经营办法直接解决社会问题，或以此进行慈善资本积累，扩大社会救助能力。慈善商业行为也是慈善资本的运作与循环过程。下面就来阐述一下它的过程与循环问题。

（一）慈善商业资本筹集

任何商业活动都要有原始资本投入。慈善商业在经营过程上与社会一般性商业经营具有同样的性质，首先要有开办资金，要投入。慈善商业的开办资金一般来源于三个方面：一是社会各界自然人和法人的捐赠；二是慈善组织出资；三是政府拨付。凡是投入慈善商业的资金，不管其来源于前者还是后者，其性质都变成了慈善资本，都是慈善事业的"奴隶"，为慈善商业行为服务。

（二）慈善商业的经营运作

慈善商业企业也是企业经营，不是慈善组织，其经营过程与慈善捐赠过程不同。它也要按照市场经济规律与其他一般企业一样的运作。要有投入产出，要有相对的市场竞争。总之，它在生产经营领域就是商业行为，必须按照商业规律办事，必须有剩余、有利润。慈善商业经营的企业员工不是慈善组织工作者，其报酬也应于社会一般企业平等，也可以有高薪有奖金，也需要专业技能和必要的专业技术。收支平衡是慈善商业的底线。尽管慈善商业目的不是利润，但也不能亏损，适当盈利也是十分必要的。

（三）慈善商业利润积累

慈善商业获得利润是其运作的理想选择。慈善商业的利润要用于慈善积累。我们知道，慈善商业的投资即是慈善资本，显然慈善资本带来的价值，也必然是慈善价值。慈善商业利润的处置一般分为两部分：一是再转换为慈善资本，投入慈善商业扩大再生产；二是用于社会相关救助。不管哪种形式都是用于发展慈善事业。

慈善商业的运作过程不断地由投资到经营，再由再经营到再投资，周而复始地进行。每运转一个周期就能获得一次剩余或增长，在一定的时间内，运转的周期越短，周转次数越多其经济效果就越好。所以，让慈善商业始终保持良性循环和周转，是其生命力的关键。

三、慈善商业性社会企业

社会企业是慈善商业的一个主要表现形式。社会企业也是当前国际上公益慈善事业中的一个专业概念。社会企业也是现代公益慈善事业发展到高级阶段的重要表现。

还是先说一下什么叫社会企业。这也是理解慈善商业性社会企业的首要问题。社会企业不是社会上的企业，它不同于社会上的一般企业。从理论上讲，这里所说的社会企业，是专指具有公益慈善目的的社会生产经营单位。用慈善商业经营解决社会相关问题，用生产经营来实现自己的慈善目的。在国际上许多发达国家中社会企业已是一个独立的公益慈善企业门类。社会企业的概念在中国也是近几年才被使用，但实践中自己存在。事实上，这类企业在中国历史上被称为社会福利企业，如，专门为了解决残疾人就业，由民政部门所属的各种福利厂，还有一些民办非企业的单位。中国的社会企业还没有完全达到法律层面。随着慈善事业的发展，中国社会企业问题也一定能与国际接轨。本论在此先将这类企业称为慈善商业性的社会企业。

但是，不是所有解决社会问题的社会企业，都是慈善商业性企业。当前，世界各国对于社会企业的规定与学者们的理论认识不完全一致，尤其在中国还处于理论探讨阶段。本论认为，只有符合慈善商业特质的社会企业，才能被认为是慈善性的社会企业范畴，是慈善公益作为。任何存在着有商业回报的社会企业都不是慈善商业。投资有回报的社会企业，也就是股东分红的企业行为，可视为商业公益。

社会企业需要政府认定。做为慈善商业性的专业社会企业，已不同于一般工商企业，不能自己随意冠冕，必须由政府认定和批准。慈善商业性社会企业虽然是企业，但它在创立之初就要以慈善为目的，经营过程中也要体现这一宗旨，不能追求利润的最大化，不能分利，必须把公益慈善的最大化作为自己的始终选择。经过批准注册的社会企业（目前实践中表现为社会福利企业等）的意义还在于可享受税收等优惠政策。

社会企业是现代慈善事业发展的产物。用经营方式实现公益慈善目的是慈善事业的进步，是现代慈善事业发展的新事物。在传统慈善形态中不存在社会企业这种慈善行为的。社会企业的慈善行为进一步开发了慈善资源，拓宽了慈善救助的渠道，有效地增加了公益慈善的社会总量。

社会企业将是未来慈善形态中一个主要的慈善行为方式。社会企业既是现代慈善事业的产物，也是未来慈善形态的重要行为方式。随着慈善事业的发展，慈善行为也会日益从单纯的捐款捐物，向着经营投资上发展。社会企业的数量会日益增多，质量也会日益提高，针对社会企业的政策法规也会日益专业完善，社会企业不但在理论上存在，在实践中也会被列为公益慈善序列，是未来慈善形态的主要慈善行为方式。（关于未来慈善形态问题，后面还有专门论述）

第十章　现代慈善事业中的考评

我们会经常看到，在当前的社会慈善实践中，有关组织为了达到某种目的，经常举行各种各样的考评活动。现代慈善事业需要考评，考评是对社会慈善行为管理和张扬的必要手段。本章就与大家来讨论现代慈善事业中的考评问题。

第一节　现代慈善事业考评的地位与作用

要想全面正确地认识现代慈善事业中考评的地位和作用，首先应该知道考评概念的内涵和考评工作的必要性。

一、考评与慈善考评的概念

考评，即是考核与评比的简称。慈善考评也就是慈善的考核与评比。下面就来深入具体解读考评的概念。

（一）考与评的关系

考评是一个问题的两个方面。这里的考，即是考核之义；这里的评，即是比较与评比之义。考评，就是考核与评比，考核是评比的基础。考核可以不评比，而评比必须有考核。考与评既是两个独立的行为，也是一个紧密相连的同一行为。

现在，再来议论一下考评的一般理论。先说考核，考核是管理行为，是社会管理的必要手段。管理工作的性质要求，对于任何发展中的社会事物都需要考核，以确定一个国家、地区或一个组织及个人的某种状态情况。再说评比，任何发展中的事物也都需要评比，评比也是比较，比较是为了更好地鉴别。考核与评比活动有利于加强对事物的管控，有利于促进有用事物的发展变化。然而，任何考评都是为了满足人们的某种需要。考评的目的首先是为了更好地了解和掌握客观实际情况，其根本目的是根据掌握的情况决定工作方针和政策法规。

（二）宏观与微观两种基本考评

慈善考评从其对象来说分为两大种类：一是宏观考评。即是对于一个国家或地区慈善事业的考评，本论称它为宏观或区域考评。还可以说，宏观考评是一种针对空间性慈善作为活动的考核与评比；二是微观考评。即是对于一个慈善组织、企业、个人或某种慈善活动的考评。微观考评也就是对社会个别单个慈善行为的考评。

二、慈善考评的必要性与当前相关社会表现

本论现在阐述慈善考评工作对现代慈善事业发展的意义以及当前考评的各种社会表现。

（一）慈善考评的必要性

现代慈善事业中的考评工作十分必要。大家知道，当前慈善已是一个独立的社会事业，也应当与其他社会事业一样需要考核和评比。现代慈善与传统慈善不同，传统慈善运作一般是简单的慈善方式，又多为个人或家庭的私益慈善行为，不需要也没有必要实行考评。而现代慈善事业是复杂的公益慈善，而且全民慈善建设已经成了国家战略。现代慈善事业发展到了这样的高度，就需要用一些方法和手段来对它的各个方面进行考核、评比，以科学地显示一个国家或地区的慈善发展水平、一个慈善组织的工作业绩、各个公民的慈善贡献等。

说考评工作对现代慈善事业的必要，其根本在于它对管理的作用，在于它是现代慈善事业不可缺少的管理手段，是慈善事业管理的一种必要方式。这种必要性表现在以下几点：

（1）政府监管需要考评。现代慈善事业离不开政府的监管，政府要对公益慈善事业做出某种决策，首先必须对其作用对象有充分的了解和掌握后方可实施。俗话说要有的放矢。

（2）慈善组织管理需要考评。一个慈善组织的管理者，要对自己的组织做出某种决定时，也必须要对它进行充分科学考评。考核也是调查研究的一种必要手段。这里暂不详述。

（3）促进慈善工作需要考评。考评工作有利于奖好、促差、惩坏，是慈善事业发展的重要推动力。各种事物的发展都需要推动。利润是企业经营的动力，薪酬是广大劳动者的工作动力，而慈善意愿满足和荣誉等是慈善捐赠者和慈善组织者的动力。通过考评的举动，必然能充分显示各方的慈善业绩。有关部门可根据考评结果，奖励好的、鞭策差的、惩罚坏的。这样，一定能有利于调动社会群众捐赠和慈善组织的工作积极性。这里所谓奖好、促差、惩坏主要是针对慈善组织的工作。

（二）当前慈善评比的实践表现

在当前的慈善社会实践中，考评活动已十分活跃。大家会经常看到听到各种关于公益慈善方面的评比消息。例如，公益慈善城市评选，慈善人物排行榜，慈善明星排行榜，还有慈善组织星级评定活动等，而且这些活动还在日益增多。国家政府慈善主管机关民政部，在多年前就设立了慈善界最高级别的政府奖："中华慈善奖"。一些为慈善服务的社会组织也经常推出形形色色的评比活动。在慈善组织内部从加强管理和促进工作需要，每年也都要进行各式各样的考评工作，至少都有先进部门和个人的评选。

所以，从理论和实践两个方面来看，考评工作是慈善事业社会过程中的一个重要环节，是社会慈善体系运转中的重要程序，是社会慈善事业的必要工作。将考评纳入慈善学范畴也是十分必要的。

第二节 慈善考核的分类原则与指标

考核是评比的基础和前提，没有考核就无法进行评比。因此，搞好慈善考核的关键是对考核对象的科学分类和指标确定。

一、慈善考核对象分类方法

慈善考核的第一步是科学分类。分类就是确定考核对象后，按其对象情况分成不同的类别。一般来说比较常用的有两种分类法，一是，宏观分类法，也叫区域分类。例如，国家，省、市、县等。二是，微观分类法，也叫个别组织或个体自然的人分类。宏观分类目的是考核某个或各个社会区域内的慈善发展水平。微观分类是考核某个或各个社会慈善组织的工作业绩，考核某个人或各个人的慈善贡献。

以上分类也可以说是简单分类，或叫作一般分类。但是，随着慈善事业的发展，人们对于慈善事业的考核对象也会不断增多，随之分类也会增加。比如，要分别考核不同系统和属性的慈善组织业绩，就需要设立慈善会类别，基金会类别，教育系统类别，宗教系统类别等。要考核慈善养老系统的工作，还要设立养老类别。总之，分类也会由简单到复杂，由一般到具体。分类越复杂，说明慈善事业发展程度越高，慈善的社会管理越好。尽管考核分类在逐渐增多，但在考核中分类工作还是比较简单易行的。

二、慈善考核指标确立原则

慈善考核的另一关键问题是指标的确立，而指标确立的关键是科学性。必须确保确立的指标能够充分反映考核对象的本质。

（一）考核指标确立原则

确立考核指标要遵循以下几个原则：第一，要根据不同的类别确定不同的指标；第二，要确定好指标的内涵及范畴；第三，确定指标种类及数量；第四，防止和克服指标的片面性；第五，要多维性全方位。就像确定一个人是否健康要对多种必要的指标进行检测。如果不按照正确的原则确定考核指标，考核的结果就失去了科学性，就会造成误导或产生不良的社会效果。

（二）模拟论证一

现在，再用模拟个案分析的方法来说明确立考核指标的重要性。先说宏观区域类考核。假设有甲乙人口一样的两个城市。我们先用年捐赠价值量来考核它们的慈善业绩。结果是：甲市年获捐赠价值量一亿元；乙市年获捐赠价值量也是一亿元，相比两市的业绩相同。如果我们再用捐赠人数占总人口的比例来考核，结果：甲市的一亿元是十个人捐赠的，乙市的一亿元是一万个人捐赠的。这样其业绩就不同了，从慈善行为普及率和全民化程度来看，显然甲市远远落后于乙市。理论和实践都证明，全民慈善要比精英慈善好，更有利于社会慈善资源的基础建设，更有利于慈善捐赠的持续性。

（三）模拟论证二

现在，本论再来谈谈微观考核。即对慈善组织的业绩考核。一般来说，慈善组织都用年或累年募集价值量，这样一个指标来表明自己的业绩。然而事实上，在募集的慈善捐赠中，由于捐赠价值构成不同，其救助效果是不同的。我们假设有甲乙两个基金会，均为获得捐赠价值量一亿元。但在价值构成中，甲的货币为百分之八十，物资为百分之二十。而乙的正好相反，物资是百分之八十，货币是百分之二十。考核结果：虽然两家获得的捐赠价值量是一样的，但由于其价值构成不同，业绩显然也不同，前者要好于后者。实践中有很多慈善组织说起来募集价值量很大，实际虚的成分也不小。有的慈善组织号称某年获捐几亿，几十亿，甚至上百亿元，其实货币才有几千万元，多为杂七杂八的物品。所以，对慈善组织的考核不能光靠获捐价值总额，必须考核其价值构成情况，社会实际救助效果等。

慈善考核指标也是依据慈善的实践存在而设立，不是一成不变的。实践过程中总是要依据其发展情况和对其管理需要而酌情确立。慈善考核按照学科范畴也是个统计学问题，我们应当运用统计学的若干理论和方法确定慈善学中的考核理论和方法，科学地搞好慈善事业的考核工作。

三、慈善宏观考核的九个指标及其意义

现在，本论就来阐述慈善宏观考核的具体指标问题。本论认为，就当前的实践状况，慈善区域宏观考核应设以下九个指标：

（一）社会慈善捐赠价值总量

社会慈善捐赠价值总量是指一个国家或地区，在一定时间内获得的各种物质捐赠的价值总和。一个地区可以是一个省、市、县、镇等，也就是一个法定行政区划单位。这个指标能反映出一个国家或某个地区年度内的慈善事业发展业绩。如果是多年连续指标对比，还可以说明其慈善事业的发展趋势。

（二）人均慈善捐赠价值量

人均慈善捐赠价值量是指一个国家或地区，一定时间内每人平均捐赠价值量。由于宏观考核单位的人口数量不同且有较大差异，虽然慈善捐赠总量相同，但由于人口数量不同，其人均捐赠量显然不同。所以，在考核一个国家或地区慈善捐赠水平时，必须同时考核人均捐赠价值量。这个指标对于表现一个宏观单位的慈善水平更有实践意义。

（三）社会慈善捐赠价值构成

社会慈善捐赠价值构成是指某个时间内某个国家或地区，社会慈善捐赠价值总量中三种不同物质的比例情况。也就是货币、物资、劳务各占多大比例。一般来说，在慈善捐赠价值构成中，各种慈善捐赠物质的比例情况能反映出慈善事业的发展水平。比如，货币捐赠比例大说明慈善事业的现代化程度高，反之就低。还有，在价值构成中劳务所占的比例情况，也能反映出一个国家或地区的慈善事业发展状况。如果一个国家或地区内没有劳务捐赠或者极少，无论如何都不能说其公益慈善事业发展得好，慈善事业迈入了现代阶段。

（四）慈善行为人占总人口比例

慈善行为人即慈善捐赠人，这里的人是指自然人。慈善行为人占总人口比例是指被考核单位的人口总数与慈善行为人的对比。这个指标能够充分反映一个国家或地区的群众参与慈善的程度。一般来说，慈善行为人占总人口的比例越高，说明参与慈善事业的人越多，全民慈善化程度也就越大。否则相反。

（五）社会慈善志愿者总量

社会慈善志愿者总量是指一个国家和地区某个时间内的志愿者数量。这里的志愿者应当是经过正式注册或有规律的长时间的劳务捐献者。志愿者的出现和形成是现代慈善的标志之一。志愿者的形成与实践不但为慈善事业增加了劳务物质，还能大大提高社会的慈善氛围，有利于慈善事业的发展。所以，积极推动和增加志愿者的数量对发展慈善事业很有意义。

（六）社会志愿劳务捐赠总量

社会志愿劳务捐赠总量即是一个国家或地区，在一定的时间内各个志愿者劳务捐赠的总和。劳务捐赠量应当使用货币表现，也可使用劳动的自然时间表现，以小时为计算单位。也可两种形式并用，如，某市某年志愿劳务捐赠总量一亿标准劳动小时，折合人民币十亿元。

（七）志愿者平均劳务捐赠量

志愿者平均劳务捐赠量即是一个国家或地区，在一定时间内志愿者平均付出的劳务数量。志愿者人均支付劳务捐赠量能充分反映志愿者慈善行为水平。劳务捐赠量可以表现货币化，也可以自然时间化，也可两种方法并用。

（八）社会志愿者占总人口比例

社会志愿者占总人口比例，就是社会注册志愿者与考核单位总人口的对比。这个指标能够反映一个国家或地区人们社会志愿服务的水平及现代慈善事业程度。志愿者的比例越高越好，否则就越差。

（九）社会人均劳务捐赠数量

社会人均劳务捐赠量是指一定时期内的某考核对象中每人平均劳务捐赠数量。同样，这个指标也是反映一个国家或地区的慈善发展水平的数据。在同等条件下人均劳务捐赠量越多越好。

以上这些指标和数据都是评定一个国家或地区慈善发展水平的必要指标，尤其在评定公益慈善城市时是不可缺少的。

四、慈善微观考核的八个指标及其意义

现在，再来介绍慈善微观考核指标问题。大家知道，微观考核主要是对单个慈善组织的考核。这里的慈善组织主要是指以货币和物资运作的组织，不含志愿服务组织以及其他各种社会公益慈善组织。其他公益慈善组织也应根据不同的业务性质分别制定符合实际的考核指标。

研究发现，当前在慈善微观考核方面，主要应有以下八个指标：

（一）单位慈善资本总量

这里的单位是单个公益慈善组织。这里的资本主要是指可用于慈善活动的固定资金和流动资金。单位慈善资本总量，也就是指某个慈善组织可用于慈善行为的各种经济总和。慈善组织作为的基础是物质经济，物质经济量的多少决定慈善的作为能力大小。所以，单位慈善资本总量是衡量慈善组织能力大小及其在慈善事业中地位和作用的重要指标。

（二）慈善资本增长率

慈善资本增长率，也就是在一定时期内原资本量与现资本量的比例变化。大家知道，慈善也是一种持续和必须持续的事业，慈善组织必须具有可持续发展的能力。要想保持持续发展能力就必须具有持续增长的慈善资本。因此，慈善资本增长情况对于慈善组织非常重要。慈善组织的资本增长率高，其发展就好就快，否则就慢，甚至消亡。慈善组织的资本增长率，是考核其物质生命力的最重要指标。

（三）慈善捐赠价值构成

慈善捐赠价值构成，也就是慈善组织在一定时间内募集的社会捐赠物质成分。即货币、物资及劳务的价值数量比例情况。一般在基金会慈善组织的价值构成中主要由货币和物资构成。有些综合性慈善组织也有了志者服务项目，这样的组织也会在其价值构成中存在劳务成分。我们知道，由于货币作为慈善行为价值物具有更广泛的使用性，其救助效果要强于物资，所以慈善组织的捐赠价值构成能反映出其社会救助的效果及其工作能力、社会影响力、公信力等。设立慈善捐赠物质价值构成指标，对于考核慈善组织的业绩是很有必要的。

（四）慈善组织职工劳动生产率

慈善组织职工劳动生产率，是指慈善组织人员的工作效率。职工劳动生产率即是在一定时间内，某慈善组织从事慈善行为的物质价值总量除以全员人数。在同样慈善行为的价值量中职工人数越少其劳动生产率就越高，否则就越低。用最少的人办最多的事，也应当是慈善组织追求的目标。劳动生产率高可以有效地节约慈善运作成本，增加慈善组织的竞争力。

（五）单位职工队伍构成

单位也就是慈善组织，职工队伍构成也就是各种职工状况的数量表现。事情是由人来实现的，人是劳动生产力中最积极最重要的因素，尤其慈善组织工作好坏，人的因素很重要。合理的队伍构成，能有助于慈善工作开展，有助于慈善组织发展的后劲，有助于整个社会慈善事业的发展。否则相反。

（六）慈善物质收入与支出比例

慈善组织募集善款或善物，增加慈善资本积累的目的是为了更好地使用这些慈善物质，及时有效地用于各种社会救助。善款和善物的收入和支出要有适当的比例，支出量在不超过收入量的极限内，支出数量越高越好，越能充分发挥慈善物质的效用。慈善物质不能成为永久的不被使用的储备物质。所以，要考核慈善物质的收入支出比例。

（七）慈善行为运作成本率

也就是慈善项目的价值量与运作耗费的比例。在政府法定的比例红线内，费用的比例越低越好。这个指标能充分反映慈善组织的运营经济效果和整体运作水平。对于慈善捐赠人来说也一定关心慈善组织的这一指标，在同等情况下会选择成本比例较低的慈善组织。

（八）从业人员本组织平均工龄

从业人员本组织平均工龄，也就是我们俗称的职工本单位的平均工龄。职工本组织平均工龄越高越好。职工稳定有利于慈善工作的质量和效率。平均工龄这个指标能反映出单位职工的稳定情况，也间接地反映出慈善组织的综合状况。

第三节 慈善评比的规律与效果和问题

大家知道，慈善事业的发展离不开考核，同时也离不开评比，评比是现代慈善事业中，慈善管理与张扬的一种重要手段。评比活动社会影响力大，感染性强。所以，在评比中也存着一定的规则需要遵守和掌握，也必须讲究和注意社会效果，努力克服存在的问题。

一、一般性评比规律与特殊性评比问题

慈善评比实践中既存在着一般性评比，也存在着特殊性评比。下面就来分别讲述，一般性评比的规律和特殊性评比的问题：

（一）一般性评比规律

实践中对于一般性慈善评比存在着以下几条规律：

第一，评比是考核工作的继续。考核可以不评比，但评比能更好地发挥和释放考核成果。我们知道，考核的作用，一是为管理者提供决策依据，二是为评比提供基础。如果考核不评比，就等于将考核的成果浪费了一半。

第二，评比要以考核为基础。一般来说，评比设立的项目及类别均与考核的各个指标相吻合。评比以考核为基础，可节约评比成本，提高评比工作的社会效率。

第三，评比与考核在同一工作过程中完成。评比可以与考核在同一过程中同时进行，一边考核一边评比，考核结束也完成了评比。比如，对某种类别对象的考核结果出来后，即可将其情况按照评比要求显示并发布。同一过程完成了两项工作。

（二）特殊性评比问题

一般中也存在着特殊，对于特殊情况的评比，就要采取特殊办法。实际工作中，也存在一些评比活动与社会一般的慈善考核口径不一致的问题。比如，有的行业管理部门或社会组织，根据实际需要而举行一些创新性评比活动，这些活动就要由组织者自行订立评比标准，视情况确立考核指标与办法。这种创新评比，评比与考核是同一行为，是为了评比而进行考核的，按照评比条件寻找目标。实践也证明，实时地推出一些创新的评比项目，对于表现和推动慈善事业的发展也是很有意义的。

二、慈善评比中的科学选项

慈善评比是一种社会活动，活动的选项很重要。选项，也就是确定评比的项目，如十大慈善城市评选、十大爱心人士评选等。科学合理地确定慈善评比选项是慈善评比的重要问题。

开展慈善评比的目的，是为了科学地表现慈善事业中的先进典型，促进慈善事业的发展。然而，慈善评比与慈善行为一样，存在着一个效果问题，评比的选项不同，往往会产生不同的效果。项目选得好，科学合理，会形成品牌，可连续不断地定期举行。项目选得不好，科学性不足，不被社会认同，就会造成不好的影响，反制于慈善事业的发展。

慈善事业行为与经济活动不同。在慈善事业中，慈善行为与付出的形式也不同。而且，一个人的爱心大小也不好量化。这对慈善的评比就带来一定的复杂性与选择性。例如，对于个人慈善贡献的评比问题，要想科学表现人们的爱心奉献，就需要科学的研究确定评比的项目及其标准和方法。由于慈善的需要是多方面的，既有物质的，也有精神的。人们奉献爱心的形式也是多种多样的，有的捐钱，有的捐物，有的捐劳动等。在捐赠的数量上，有的捐一百元已是他的全部剩余，有的捐百万元仅是他剩余的十分之一。所以，采取怎样的形式评比，才能科学反映慈善事业正能量的大小非常重要。有人认为，现在社会上流行的种种慈善排行榜等评比活动是不科学的，也有人认为需要完善和改进。因为仅凭捐赠量一条来确定抽象概念的慈善排行榜，有一定的片面性。据介绍，河北唐山市有个"爱心小院"，它的事迹十分感人，像这样的慈善爱心人物该上什么排行榜呢？我们既要评选社会精英们的慈善奉献，也要评选凡人善举的慈善奉献，这样，更有利于促进慈善事业的发展。

要达到慈善评比的科学选项，主要应当做到这样两点：第一，要正确把握慈善的内涵。要真正弄懂慈善的本质及其属性，要知道什么是慈善，怎样才能衡量慈善行为的大与小，好与差。第二，要充分考虑评比项目所产生的社会效果对慈善事业的推动作用。精英慈善对推动社会慈善事业有利，平民慈善、凡人慈善也同样能推动社会慈善事业的发展。自为慈善方式，传统慈善方式都对现实慈善事业有利。捐款捐物是慈善，捐赠劳务也是慈善。那些坚持不懈地为他人奉献劳务的人同样伟大。在某种意义上，凡人善举更具感染力、影响力，对推动人人慈善的社会实现更有利。

三、慈善评比中需要克服的问题

在市场经济社会里，纯洁的事物也有被污染的可能，慈善评比工作也一定会存在负面作为，也一定要积极防止和克服已经存在或可能出现的问题。主要是：

（一）防止慈善评比商业化

慈善评比中要注意和克服的事项很多，但是最主要的是评比工作的商业化问题，即是用评比赚钱的行为。必须坚决防止和克服慈善评比商业化。

利益观念是评比的大敌。要防止慈善评比商业化，必须克服慈善评比的商业利益观，不能存在任何利用评比获得利益的思想。如果评比存有挣钱的主观动机，客观上一定会使活动跑偏，结果一定是什么挣钱评什么，谁出钱就把荣誉评给谁。这样，会严重地破坏慈善的社会公信力，使评选活动不但不能促进慈善事业，反而产生了负作用。

理论和实践都告诉我们，在商品经济社会里一切都有可能成为商品，如人们的良心、权力、荣誉、美色都有可能被作为交换的商品。所以，慈善评比商业化的可能是存在的。利益驱动下的评比会严重污染慈善的社会环境，必须坚决克服。

（二）强化政府对慈善评比的监督与管理

慈善评比活动公益性强，社会影响力大，不能由民间随意开展，必须在政府的严格监管下进行。政府必须把慈善评比活动纳入刚性管理范畴，努力加强管理和监督。主要应当实行两项措施：

（1）政府主管部门要制定慈善评比法规。用政府法规规范评比行为。要确立评比行为的主体资格，审批程序，操作标准、违规处罚等制度，以保证慈善评比的客观、科学、公正，防止评比行为商业化。应当严禁民间随意随便地开展慈善奖评活动。

（2）实行严厉的处罚制度。对于违反规定的评比行为要坚决取缔，并视情况予以处罚，从而确保慈善评比收到良好的社会效果，发挥其促进慈善事业健康有序发展的杠杆作用。

第十一章　不当慈善、伪慈善、错误慈善理论

任何事物都有正反两个方面或多个方面问题。实践也证明，越是公共美好的事物，越容易被人错误使用。慈善作为社会公益事业的一部分除了爱护和扶育她成长的人们，也有对她绑架、冒充和践踏、假借谋利之人，这就是各种不当慈善和伪慈善。同时，在慈善理论上也存在一些错误的论点，造成了理论上的混乱、实践上的错误。本章就对上述问题进行研究和阐述。

第一节　三种类型的不当慈善

不当慈善就是不适当的慈善行为或举动。目前实践表现中存在的不当慈善主要有三种类型：一是曲解、扭曲慈善；二是过度消费慈善；三是运动式慈善。下面就分别阐述这三种不当慈善行为。

一、曲解、扭曲慈善

不当慈善的第一种类型：曲解、扭曲慈善。所谓曲解、扭曲慈善，就是有人利用慈善是爱心的产物，来无限放大正常的爱心底线。把他们极端反常的所谓爱心行为，归结为慈善行为；把干扰和破坏正常的社会经济生活的行为当成了慈善举动。例如，强行拦截合法的运输猫、狗等动物的车辆、成立了所谓的保护动物的非法联盟等。

可以肯定地说，这种被曲解的不当慈善行为，不但不属于慈善，而且还是一种有害于慈善和社会的行为。慈善是爱心怜悯的举措，但不是所有的爱心与怜悯行为都是慈善。不能把宗教中的不杀生思想和实践当成慈善。

慈善中的爱，主要是人类之间的爱，人对动物的爱是有限度的，是有一定条件限制的，必须符合人与动物及自然的一般性观念和规律，该养的要养，该护的要护，该杀的要杀。把影响和破坏人们正常的社会实践活动说成是慈善，定会增加人民对慈善的不认同或反感，严重影响慈善事业的发展。同时，这种不当的慈善行为也是对国家法律和广大公民意志的挑战。对动物合法的运输与捕杀，是法律赋予执行人的权力。法律是全体人民意志的集中表现。

应当指出，在曲解和扭曲的不当慈善中，还存在一些胡乱放生行为。例如，鱼、鸟、蛇等动物的放生。放生人不掌握这些动物本性与自然界的关系，违背科学规律地盲干，结果有的造成了动物的大量死亡，有的污染了环境，有的对相关群众的生命安全造成了威胁。据悉，时常会有人把大量的活蛇放到了村庄附近，使当地村民产生极大的恐惧与不安。还有一些乱放生行为，造成了外来物种的入侵，给国家生物安全带来了严重侵害。

总之，任何给他人和社会带来不利的所谓爱心善行都是错误的，都是不当的慈善，是对慈善的曲解、扭曲和绑架。

二、过度消费慈善

不当慈善的第二种类型：过度消费慈善。所谓过度消费慈善，就是对于某种慈善行为的过度张扬，或者是张扬的程度与实际慈善行为的体量不符，过度造势。

过度消费慈善行为，往往是个别慈善组织为了表现其工作业绩或为了应和捐赠者们的要求，在慈善捐赠物给付时经常使用的方法。假如，某慈善行为人给某乡二十个贫困家庭发放四万元的救助金，还要搞一个隆重的捐赠仪式，让受捐者上台领钱，又登报纸，又上电视。这种做法显然超出了实际应当采取的善款给付方式，过度地张扬了当下的慈善行为。而且这种行为不当更在于损害了受捐者的尊严，违反了《慈善法》关于捐赠与受赠两个主体平等的原则。

实践中过度消费慈善的情况很多，每发一点钱或一点物资都要让受助者站在台上公开领取，统统曝光。尤其助学较为常见，例如，有些地方往往让那些受捐的中小学生站成一排，像发奖品一样由另一排领导对应发放，之后再站到那里聆听领导和各方代表们的讲话。这是极其不当的慈善行为。

还有一种不当的过度消费慈善行为，就是有的慈善组织把自己的某种很小的工作业绩大肆宣扬。例如，有这样一个全国性的基金会，只设立了一个二百万元的专项基金，还要在某大饭店里举办隆重的成立仪式，请了各级领导，还有众多新闻媒体记者到场。这种做法显然是一种"小慈善"大炒作行为。

三、运动式慈善

不当慈善的第三种类型：运动式慈善。所谓运动式慈善，就是慈善活动好像搞运动，行为零碎，从众而行；集中时间、地点扎堆作为；仪式隆重热烈等。其主要表现为三个方面：

（一）慈善行为碎片化

有的慈善组织从事慈善项目不是系统化，稳固化，而是零打碎敲地进行。慈善行为经常是忽有忽无，忽高忽低，没有规律性。还往往根据各种"慈善气候"情况举措。比如，慈善作为往往是根据有关行政部门的号召和社会相关氛围开展，总是跟风跑。

（二）集中扎堆激情作为

集中扎堆激情作为，也就是大家都在同一时间或同一地点从事同一性质的慈善行为，而不管这种行为是否必要和有效。例如，每当老年节时，一些志愿者团队、学校、社区等慈善组织都要组织一些人到老人院等地献爱心。据反映，有的养老机构一天要接待好几波前来为老人洗头、洗脚的爱心人群，有的老人一天被洗脚好几次，使一些老人们无奈被慈善。还有，每到元旦与春节，一些慈善组织都要开展各种送温暖活动，往往是动静大，雨点小。基本都是呼呼拉拉的一大群人涌入一个百姓家，送上一两千元的红包或些许物品，还要照相、录像，年年如此。这些为了应景赶时髦的激情慈善行为就像搞运动，是极其不当的，既影响了慈善形为的效果，也为慈善造成了某种程度的负面影响。

（三）项目开展类似搞运动

个别地方和有的慈善组织，总是用行政运动式套路做慈善。比如，不管项目大小，每个行为必仪式，每个仪式必隆重，必有从上到下的众多领导，方方面面的人员参加，追求轰动效应。据了解，有个全国性的基金会，经常同时有多名领导不远千里，甚至更远，奔赴地方参加各种活动。虽然运动式慈善对于慈善事业具有造势和一定的推动作用，但其不必要性远远大于必要性，总让人感到慈善行为好像一场运动；同时也造成了极大的经济浪费和社会慈善资源的损失，完全是一种不当的慈善行为。运动式慈善的实质是慈善事业中形式主义和不良的工作作风反映，也是行政工作上形式主义在慈善领域里的表现。

在运动式慈善中还有强捐等问题。有的单位为了完成某种捐赠任务，强行要求职工捐款，或直接在工资中扣除。据悉，某个地方基金会为了完成某废品回收项目指标，竟然让每个职工拿出50元当做项目收入捐了出去，以应对上级部署的任务。

第二节　三种类型的伪慈善

现在再来谈谈三种类型的伪慈善。研究发现，实践中有三种性质的伪慈善：一是纯粹冒充的；二是戴着帽子的；三是放饵钓鱼的。伪慈善即是假慈善，是真慈善的对立物，是慈善中的大忌、大敌，对慈善事业危害极大。下面就分别阐述三种类型伪慈善的行为表现。

一、纯粹冒充的伪慈善

纯粹冒充是伪慈善第一种类型。这里所谓纯粹冒充的伪慈善，就是有人为了达到某种商业目的，将与慈善无任何关系的谋利行为称为慈善行为。纯粹冒充型伪慈善主要有三种表现：

（一）冒充慈善组织的名义开展商业活动

据了解，前些年就有一个南方某省的企业，为了销售自己的残障人用具，打着某某国家级慈善组织的旗号，在全国各处出售"绿拐杖"。还有一个企业冒充某慈善组织，在一些中小学校搞爱眼工程活动。

（二）把纯属商业经营说成慈善活动招揽生意

例如，把实为销售保健品的商业活动，硬说是关爱老人的公益慈善活动。搞所谓的健康公益讲座或大讲堂，然后就是卖产品给老年人。还有把商业保险项目推销，也说成是养老保险公益慈善活动。这些行为五花八门，花样繁多。

（三）成立非法组织

更大胆更恶劣的冒充，即是设立非法公益慈善组织赚钱。据介绍，有人竟然成立了以"中国"为名的非法的慈善组织，如中国某某公益慈善总会、联合会等，还设立了网站，在全国各地设立分会、分站，罗列了一大堆领导及知名人士为顾问。

二、戴着帽子的伪慈善

戴着帽子的伪慈善，就是把某种直接或间接的商业行为，戴上慈善的合法帽子实施运作。这是伪慈善的第二种类型。

这种伪慈善行为，一般都是利用社会对慈善的普遍认同性，假借慈善的名头开展活动。因为有了合法的慈善名头，他们所开展的谋利行为，外表上与慈善有着密切关系，一般不会引起人们怀疑。例如，有的伪组织采取各种办法向社会推销某种冠以慈善的商品；还有的骗取真慈善组织的信任，以合作者或慈善组织名义搞各种活动，以获得名誉上的收益。商品经济社会知名度就是市场价值。有的还将某种商业慈善产品，冠以慈善项目进行推销，甚至吹得神乎其神，就像卖保健品一样。以上种种都是打着慈善的真招牌进行真谋利。

还有一种戴着帽子的伪慈善，就是利用极端微量的真捐款，来戏弄慈善组织。例如，有些人曾连续不断地向慈善组织每次只捐一分钱，或一角钱，这些行为虽然表面上看似真捐赠，但实质上是一种捣乱行为，是伪慈善。这些都是在郭某某事件发生后各地出现的问题。

戴着帽子的伪慈善，也就是经过各种伪装了的慈善行为，一般不易被识破。我们知道，慈善有三个关键词，即没有回报、自愿、捐赠。不管你叫什么，如何打扮、伪装，只要是存在等价的回报就是商业行为，就不是慈善。然而也有一种经营性慈善，这种慈善的收入又要全部用于慈善的付出。所以，我们区别慈善与商业时，不但要看它的一次性行为，还要看它的二次行为，即收入的终极处理，只要终极没有进入了慈善的腰包就是伪慈善。

三、放饵钓鱼的伪慈善

放饵钓鱼是伪慈善第三种类型。放饵钓鱼伪慈善，就是以慈善为诱饵，放饵钓鱼，舍小捞大，先付小益，以获大利。这种伪慈善多为企业所为。放饵钓鱼伪慈善，也确实做了点慈善，但是他们的付出首先在主观上是为了得到更大的利益，客观上也的确获得了更大的回报。这种伪慈善主要有两种表现：

（一）硬付出，软回报

假如，某企业拿出二万元来做小捐赠，或拿出二万元的保健品免费赠送给某些老年人，然后就搞捐赠仪式，请来媒体大肆宣传。这样他们就用小小的两万元付出，获得了相当于十万或二十万元的广告回报。其所得大大超过了它的实际付出。

（二）硬付出，硬回报

这大多是用产品赠送的办法来钓鱼。比如某些产品生产企业，为了打开自己的市场，先在某地寻找其必需的使用者，选择性赠送，免费使用一个时期后，你如果再需要，就只能花钱去买了。于是，在他们以后的销售中不但收回了原来免费赠送的部分，而且还会大大获得利润。同时由于部分人的使用，也给周围同等需要的人传递了信息，也会去买，又起到了广告效应，商家因此一举二得。一般来说，商品有条件地免费使用都是市场开拓行为。"资本家的灵魂便是资本的灵魂"，伪慈善的商家不会干出钓不到鱼反失了饵的事情。

第三节　不当慈善与伪慈善的根源与消除

现代慈善事业中出现或存在的各种不当慈善与伪慈善，也是必然的。然而，找出两种问题慈善的根源和对其消除的手段或措施也是十分必要的。

一、不当慈善与伪慈善的根源

研究和分析后认为，慈善事业中产生和存在着不当慈善和伪慈善的根源，主要有以下五个原因：

（一）社会大环境的影响作用

大家知道，慈善事业不是孤立的社会行为，它仅是整个社会实践中的一部分。所以，社会大环境对慈善事业的影响和作用很大。社会上不良的负面因素也一定会渗透到慈善事业中，尤其中国的慈善事业是在市场经济兴起和社会经济转型的过程中发展起来的。现代慈善事业与改革开放后商品经济同时发展，加之中国慈善体制特色性，工作上的形式主义与商品经济中的不正当行为，都会在慈善事业中有所表现。这些问题必然会对慈善事业造成种种的负能量，导致慈善行为偏离方向，或变成了不良人员商业谋利的工具。

（二）社会群众对慈善的认识不透彻，容易被混淆

良好的慈善行为必须有良好的慈善思想认知。长期以来，由于种种原因，中国的慈善事业经历了不同的冲击和振荡，传统慈善一度被削弱，甚至被割断。对慈善尤其现代慈善的理论认识还处在初级阶段，人们还没有从内心树立正确的慈善观和对慈善的认知观。慈善是什么，怎样做慈善还是一个大问题。群众对慈善的了解还处于模糊阶段，就像雾里看花，辨别不清好坏真伪。社会群众不能很好地区别慈善与商业，容易被利用，从而不能有效抵制一些不当慈善和伪慈善行为。这点，也是造成不当慈善和伪慈善存在的群众基础。

（三）慈善的属性便于被利用

慈善的属性决定了社会对它的普遍接受程度高，群众防守意识低，便于被利用。所以，人们可以选择不行善，但也不反对别人行善，当那些暴

力阻挡猫狗运输的不当慈善行为者,拿着慈善作为挡箭牌,就能让受害者让步、退步。既使是伪慈善行为,只要其行为者施展好伪装的技艺,唤起了人们内在的同情心和爱心,就能获得他们想要的东西。因此,打着慈善旗号推销产品,要比赤裸裸地卖东面效果好得多。有的还有可能被当作了真慈善而动用善款埋单。所以,心存不正的人,往往假借慈善来实现自己的商业目的。

(四)中国现代慈善事业来得太突然

中国的慈善事业虽然也是按着慈善的一般规律发展的,但是由于新中国成立后就断了档,近些年发挥了体制的优势,在行政手段的作用下,一下子突飞猛进地发展起来了,跳跃式地进入了现代慈善阶段。这种跳跃式发展造成了理论、观念、法规滞后于慈善事业的实践,使慈善运行与管理体系不协调,社会监督机制不建全、不到位,造成了不当慈善的存在与伪慈善的出现。

(五)政府与社会监管缺失

由于现代慈善事业还是一个新生的社会事物,政府对于慈善行为的管理法规不够完善,有了制度执行上可能不到位。例如不能及时有效地对错误慈善行为进行查处。而在这方面社会的监督也很不够,如舆论不善于监督,监督作为较少。官方与社会的监督也不够,从而也造成了群众对错误慈善的认同,往往认为只要是国家或官方不管的都是对的。这样,慈善事业中鱼目混珠的问题不能得到及时有效地治理。

尽管现代慈善事业存在着这样或那样的问题,正能量还是主流,问题只是发展中的问题。慈善中的问题也不是慈善本身的天然缺陷。必须承认,全国各地从上至下的广大慈善组织和慈善工作者,尤其是一些离退休老干部,为慈善事业发展竭尽全力,作出了巨大的贡献。

二、不当慈善与伪慈善的消除

既然不当慈善和伪慈善是慈善事业发展的必然现象,同样,慈善事业的发展也必然会将不当慈善和假慈善消除。根据本论对两种慈善行为根源的分析,并结合有关实际情况认为,要消除不当慈善与伪慈善问题,主要有以下几种措施：

（一）努力提高人们对慈善的理解和认识

要保证慈善事业的健康发展，仅仅让群众树立捐赠奉献的精神和意识还不够，还必须让群众懂得什么是慈善和怎样做慈善。让群众提高辨别正当慈善和不当慈善，真慈善和假慈善的能力。也就是要提高群众对慈善科学性、正确性的认识，积极主动地抵制错误慈善和伪慈善行为。要提高群众的慈善科学性和正确性觉悟，主要是加强慈善方面的基本理论知识普及，尤其是加强慈善方面的法律法规的宣传普及。

（二）积极开展行业自律

加强慈善组织的行业自律是消除不当慈善和伪慈善的重要措施，这对于不当慈善行为的消除极为有利。如果慈善组织能够认识到有关慈善行为的错误性，自行丢弃，并制定行为规则，就能有效地克服各种不当的慈善行为。过度消费慈善、运动式慈善等现象就一定会被消除。行业自律可以由个别慈善组织自行设立，也可由行业组织制定自律公约，也可由政府制定强制性规定，以约束慈善组织的工作行为。

（三）加强舆论监督

实践证明，舆论监督对于加强和改进慈善作风、克服不良行为极为有利。例如，2011年郭某某事件的舆论风暴，确实对当时乃至今后的慈善事业的自身建设，起到了巨大的推动作用。这场风暴对于慈善事业的法治建设也有一定益处。所以，对于慈善事业适当的舆论监督是必要的、有用的，应当积极加大舆论监督的力度。还可适当地在媒体上对有关慈善行为展开讨论、辩论，以求真相、真理。这样，就能更加有力地保证慈善事业的健康发展。

（四）加强政府监管力度

政府监督是对慈善事业的刚性管理。政府执法部门要加大对慈善的监管，用政府强制的行政手段规范社会慈善行为，打击严重违法违纪的事件。应当指出，当前政府的管理已在日益加强。例如，不久前国家慈善事业的监管部门民政部，已经对医疗领域里出现的假慈善与一些不良慈善组织等问题发文治理；对旧衣物的捐赠乱象发文规范。据悉，民政部还曾发文将8个慈善组织列入了失信名单。这些举措一定能对净化社会慈善环境，克服不当慈善与伪慈善行为起到良好作用。

"问题和解决问题的手段是同时产生的"。实践中的错误慈善行为能够产生，也一定能够被消除，这也同样是事物的必然规律。随着社会慈善意识的提高，人民大众对慈善的认识越来越科学，个别慈善组织工作作风的改进，政府管理与社会监督的加强，不当慈善和伪慈善一定会最大限度地日益减少，直至消除。这是我们的希望，也是一定能够实现的希望。

第四节 对若干慈善理论的质疑与批评

本章已在前三节中论述了不当慈善和伪慈善问题。然而，在当前的慈善实践中，还存在着一些错误慈善理论，不但造成了慈善理论上的严重混乱，还极大地误导了慈善事业的社会实践活动，具有很大的危害性，必须澄清并纠正，以保证慈善理论和实践的健康。现在，本论就针对以下几种主要错误理论观点，进行剖析和纠正。

一、慈善回报论

我们已经知道，从慈善学范畴来讲，慈善的定义是：慈善即是社会某主体对相对弱势主体没有回报的自愿捐赠。没有回报的纯粹付出是慈善的本质。显然，任何慈善有回报的思想和论点都不符合慈善学范畴上的慈善定义。

（一）慈善回报论的表现

应当指出，当前慈善有回报，慈善也应该有回报的论点时有发生。学术界的回报观点认为，慈善付出有三种回报，如实现自我满足、快乐、社会尊重等。有的慈善界人士也认为慈善应该有回报，还在相关著述中列举了一些古代思想家们相关论述和若干实践表现，来证明慈善应该有回报的论点。还有人认为，应当把慈善与商业混合，即通过把慈善项目质变成经营，让投资者获得物质回报的办法促进公益慈善发展等。

（二）慈善回报论的根源与错误

研究发现，实践中产生或存在慈善回报论的根源有如下几点：

（1）是哲学理论指导下而产生的思维结果。哲学讲对立统一，一分为二，同一个事物有好就有坏，有坏就有好。所以，从哲学范畴讲慈善付出有回报，能给人带来精神上的满足与快乐也是有道理的。

（2）受宗教慈善思想观念影响。我们知道，宗教慈善理论认为，行善定能获得回报，善行回报说也是宗教慈善思想理念的一大特点。宗教慈善回报论，是宗教神学唯心主义观念的反映，符合宗教思想理论的本质。宗教慈善是传统慈善文化的核心，它对古代思想家的慈善现念也会产生影响，对当前慈善思想观念也会或多或少发挥作用。所以，古代和现代人存有慈善回报说也是必然的。

（3）混淆了学术范畴。科学讲范畴，不同的学科范畴对同一事物性质的界定是不同的。用哲学和宗教思维来认识慈善本质，必然会得出慈善有回报的结论。

本论否定慈善回报论。慈善是慈善学范畴，从慈善学范畴来讲，慈善是不需要也不应该存在回报的。任何认为慈善捐赠有回报的理论观点都是片面的、错误的。这点在第一章的相关理论讨论中已经论述清楚，不须再论。

（三）慈善回报论的危害

慈善回报论对慈善事业的理论和实践都是极其有害的。主要有两个方面：

（1）颠覆了慈善的本质，造成了根本理论的混乱。慈善行为是物质捐赠过程，慈善学上所说的回报当然是指物质上的回报。慈善是否有回报，该不该有回报是慈善学的根本问题。慈善之所以高尚而伟大的根本就在于它是奉献，是没有回报的付出。如果慈善有回报，可以回报，慈善就变成了商品，慈善行为就变成了商品交换行为。所以，慈善回报论会在理论上颠覆慈善的本质，造成慈善理论的混乱。

（2）对实践产生误导。如果在理论上认定慈善可以获得回报，那么各种以慈善谋利的行为就有了理论的支撑，变成了合理的行为，从而也造成了实践中慈善与商业的模糊，混为一谈，促使各种假慈善、伪慈善的泛滥。

慈善回报论还会给行政立法与监管带来思想理论上的麻烦，也增加了政府对慈善组织和慈善行为认定的困难，对行政管理造成了干扰。

所以，我们必须纠正慈善有回报、应该有回报的理论，以保障慈善理论的正确，保证慈善实践的健康发展。

二、慈善与公益等同论

慈善与公益等同论是当前慈善事业中另一重大错误理论。虽然大家已经知道，慈善与公益的内涵以及慈善与公益的区别和联系。现在，本论还有必要再继续讨论一下慈善与公益等同论的错误问题。

（一）慈善与公益等同论的普遍性

本论研究发现，目前在理论和实践中慈善与公益混淆问题比较普遍，以致一些专家学者都分不清慈善与公益的关系，误认为慈善与公益等同或基本等同。有的文章认为，慈善与公益理论上有差别，实践中一回事。还有一种微差论，即认为公益的概念略大于慈善。还有人认为，传统慈善是慈善，现代慈善是公益。一般慈善理论界的学者还把古代社会各个时期的政府救济、救助、救灾等官方公益行为也称之为社会慈善事业，视为古代的传统慈善。由于理论上的混乱不清，致使慈善实践工作中，人们往往把慈善和公益混为一谈，不加区分地使用，本为慈善行为的称公益，而本为公益行为的称慈善。有的对同一性质的具体行为，也一会儿称慈善，一会儿称公益。总之，慈善与公益混淆等同的观点，是慈善理论上非常突出的问题。

（二）对慈善与公益等同论的纠正

本论在第一章里已经确认慈善与公益不同，慈善是公益，公益不是慈善。公益由三部分构成，即慈善公益、政府公益、商业公益。由此可见，慈善与公益概念内涵和体量的重大差距。慈善与公益两个概念理论上不能混淆，实践中也要严格区分使用，那种无差距、小差距的论点都是不对的。

慈善与公益还有一个最本质的区别，慈善没有回报，是奉献，而公益（部分）可以有回报。因为在公益构成中除了慈善公益、政府公益外，还有商业公益。这里所谓的商业公益，即是通过企业经营来解决社会公共问题的事业。例如，经营性的教育、养老、医疗、交通、通信等企事业单位。商业公益是有回报的公益，是可以进行利润分配的公益。从这点上也能看出慈善与公益具有本质的不同。如果说慈善回报论是错误的，说公益部分有回报一定是正确的。现在，就中国目前的实际情况来看，要解决大量的社会问题，仅靠慈善公益和政府公益是远远不够的，还必须充分发挥商业公益作为，积极开发商业公益之路。

那种把古代政府的救济、救灾等行为归为慈善范畴的观点也是错误的。古代政府的救助行为与当代政府的相关行为是一个性质，其实质也是当时的一种社会公益事业，是一种初级的社会保障，是政府实施仁政的表现。救济、救灾等不是民间行为的，不能称为慈善。

（三）慈善与公益等同论的危害

理论和实践都证明，慈善和公益等同论是极其错误的，对实践是有危害的。具体有以下几点：

首先，慈善与公益等同论，违背了慈善与公益两种事物的客观本质。概念是对事物的本质抽象。把两个完全不同的事物生硬地将其合并在一起，是不符合科学理性的。

其次，慈善与公益等同论，会造成思想理论的阻塞。这种等同论会造成慈善理论上的"肠梗阻"，无法理清和确定慈善学的若干理论，是对慈善学和公益学体系上的破坏。

再次，慈善与公益等同论，可导致实践上操作的混乱。理论上的混淆往往会导致一些实践上的乱作为，慈善和公益的帽子随便戴，让人无法把握。

所以，否定慈善与公益等同论，严格区分慈善与公益的概念，具有十分重要的理论和实践意义。

三、企业社会责任与慈善等同论

当前，有种时髦的说法也是从国外学来的，叫企业的社会责任。而且认为企业的慈善（更多的表述是公益），就是企业的社会责任，或者反过来说，企业社会责任就是慈善。有的还把企业的社会责任说成是现代慈善的重要部分。这都是片面的极不科学的论点。

本论认为把企业的社会责任等于慈善或公益是错误的。主要是：

首先，企业社会责任的内涵主要应该是其生产经营责任。做为社会上所有的企业来说，都必须讲究社会责任。比如，环保问题、产品质量问题、社会效果问题等。进一步说，企业的社会责任，也就是任何一个企业都必须对自己的服务和产品负责；对于质量有问题而造成他人和社会危害的，必须承担民事和刑事责任。企业的经营必须按照法律规定严格履行自己的责任。

其次，企业的社会责任是一种法律强制，不是企业愿意不愿意履行的问题。企业的社会责任是靠公司法以及各种生产经营法律法规约束和调解的。而企业慈善行为则是由《慈善法》约束的，是一种自愿行为，非强制性规定。企业可以视自己的情况自主决定是否慈善、怎样慈善。

再次，把企业的社会责任等同于慈善在理论上不妥，在实践中也不妥。第一，这种等同论等于把企业应当履行的法律责任变成了一种自愿行为，降低了企业责任的分量。第二，把企业应当承担的重大社会责任行为，如对环保与产品质量等作为，当成了是慈善或公益行为。这也是一种颠倒黑白，造成了变相的假慈善和伪慈善的增加，对于慈善不是什么正能量。

最后，企业最大的社会责任也是第一责任，就是依法搞好自己的生产经营，最大限度地向社会提供优质产品和服务；最大限度地盈利、交税，为政府的再分配创造资源。当然企业也应该或必须支持慈善事业，这只是企业的次任务。应该说企业在慈善上的社会责任，就是实实在在地捐赠，最大限度地拿出自己商业经营中的利润捐给公益慈善事业。

综上所述，决不能把企业的社会责任与慈善等同。

第十二章 慈善形态的发展变化与消亡和回归

慈善形态是慈善理论中的大概念。可以说,慈善形态是慈善事业中最具宏观的大问题。从理论上正确认识和掌握慈善形态的本质与面貌,是本论不可跳跃的任务。因此,《慈善论》把慈善形态的发展变化、消亡和回归问题,作为最后一章来研究和论述。

第一节 慈善形态的概念与范畴

弄清慈善形态的概念与范畴,是理解和掌握本章理论观点的枢纽点。所以,本节首先研究和阐述慈善形态的概念与范畴。

A.慈善形态的定义。慈善形态是什么?本论经过对慈善及慈善事业等各个方面的深入研究后发现,慈善形态是社会慈善方式、慈善文化、慈善社会约束力的总和。也可以说,慈善方式与慈善文化及慈善社会约束力三项相加等于慈善形态。还可以说,慈善形态是国家等区域空间社会慈善事业完整体系与模式的存在表现。

B.慈善形态中的社会约束力。关于慈善方式与慈善文化的若干理论问题,本论在前面的论述中已经说过,这里略而不谈,只说社会约束力。慈善的社会约束力是本论首次提出的新概念。所谓慈善社会约束力,是指政府对慈善事业的各种强制性规定。其中包含着各种法律、法规、政策等。大家知道,任何一种事物一旦发展到具有社会性、公共性就必然会受到政府管理当局的干预,确保其能在公权力的约束下良好运行。慈善事业也是一样。研究发现,当慈善事业的社会实践脱离了自为慈善而进入传统慈善阶段,其行为就有了较强的社会性,就成了社会事业,就与当局或政府产生关系，慈善事业中就存在着政府的管理及法律或制度等因素与成分。例如，早在奴隶制末期的西周时期，官府就有了主管慈善事业的部门，并且制定了社会救助的主要项目。之后，各朝代也均有政府对慈善事业的管理机构，并逐渐产生了相关的法律法规等。政府对慈善事业干预的形式和方法是根据实际存在的客观情况而决定的。由此可见，慈善的社会约束力是慈善形态的重要内容和组成部分。

应当指出，在古代原始部落社会和奴隶制初期，虽然还没有社会管理机关制定慈善方面的明文规定，但是，那时也必定存在着一定的、简单的慈善社会约束力问题。可以这样推定，部落中的民俗约定和官府的不成文认识，以及人们头脑中的相关固化观念，都是一种具有法律意义的社会约束力。自为慈善阶段的社会约束力，只是与之后各阶段的表现形式不同。

C. 慈善形态的范畴。慈善形态的概念，不是到处都可以使用的。我们已经知道，慈善形态是慈善学中的大概念。说它是个大概念，因为它是慈善事业中一个最宏观的概念。可以这样表述它的宏观性：慈善形态只是对于一个国家或一个具有行政司法独立权的地区而言。所以，一般来说，在一个国家或一个独立司法权的区域内，只能存在一种慈善形态。例如，在中国，只有一个中国慈善形态，不可能还存在着北京慈善形态、上海慈善形态等。虽然在一个国家内不同地区的慈善事业发展水平差异很大，但它在本质上也不会产生各种不同的慈善形态。一个较大地区内，如某省或市范围内的各个地区慈善事业发展的差距，也不会产生各个区域的慈善形态。

说慈善形态是个大概念，还表现在它也是对世界慈善存在状态的宏观抽象。因为，在国家和地区以上的慈善事业中，应当存在着慈善形态问题。由于慈善事业的特殊性和慈善事业国际化发展，也一定会存在国际慈善或世界慈善形态。

第二节 自为慈善形态推演

自为慈善及自为慈善形态的概念也是本论首推。纵观慈善发展史及相关资料均无自为慈善的记载与阐述。使用逻辑推理的方法研究和揭示自为慈善形态问题是唯一的科学选择。下面就来推演自为慈善形态问题。

A. 自为慈善形态的定义。本论首先要解释自为慈善及自为慈善形态的定义。虽然前面已经说过什么是自为慈善，但在这里还是有必要再次重申：自为慈善也是一种慈善行为，是非自觉的慈善实践过程，是人的本能支配下产生的善行。自为慈善阶段所产生的与其慈善行为相适应的文化与社会约束力的综合构成，即是自为慈善形态。

B. 自为慈善的原动力。自为慈善的原动力是人们生来就有的内在慈爱基因。唯物史观告诉我们，传统慈善不会忽然出现，在它之前漫长的原始社会与奴隶制社会中，必然还有一种慈善行为的产生和存在，这就是未被记入史册的自为慈善。根据人类发展史的一般逻辑推理，可以这样判断：慈善与人类生产、生活的历史同步而生。人类从现代人开始，在有了人的基本属性和特质时，情感上就有了善的本性。所以，在人类最初的生产与生活实践中，其慈善的内在特质在一定条件下就会被动地释放，从而产生了具体的慈善行为，这种行为一直伴随着人类文明同步发展。总之也可以说，自为慈善的原动力，是存在于人本身的慈善基因和慈善潜意识的作功。人的这种原动力就像动物界"母亲"精心保护幼仔那种爱的本能一样。

C. 自为慈善的实践假想。前面说过，人们最初的慈善行为是在其原始爱心的作用下，善的自为举动。所谓自为举动，就是一种即时产生的行为。本论可以这样对人类自为慈善的实践活动假想：从原始部落社会开始，人们就有了临场发挥的互助互爱的慈善实践行为。比如，即时救助共同渔猎中受伤的同伴或族人，搭救一起游玩落水的同伴；妥善埋葬死去的人们，并且悲伤哭泣等，这些都是原始的自为慈善行为。那时人们的慈善行为完全是私益的简单慈善方式，是极为简单狭小的行为。比如，伸手帮人移动重物；有人跌倒了，他人立即帮助扶起来；邻居家里失火了，大家赶快帮助灭掉；有人饥饿了，他人便给予一点食物等。自为慈善阶段的慈善行为就是这样一种简单形式。所以，人类原始自为慈善行为是一定广泛存在于社会群众生活中，自为慈善也是一种社会行为，是古代人类生活的一部分。

D. 自为慈善形态的特质。本论把远古时期的自为慈善行为的总和称之为自为慈善形态。研究发现，自为慈善形态中的慈善行为也是私益慈善与简单慈善方式,这点与传统慈善是相同的。但是二者又有着本质的不同,自为慈善与传统慈善的本质区别在于慈善行为的主观上。自为慈善是人们被动的即时举措,而传统慈善则是人们有意识的主动作为。自为慈善阶段,在单个自然人的头脑中还没有固化形成真正的慈善意识,更无所谓社会慈善意识,人们还没有产生自觉行善的意识和活动。自为慈善阶段的慈善文化只是存在于人们头脑中的简单概念,是一种潜意识的存在,或存在于人们日常生产、生活的简单交流中。而社会约束力也仅为民间的约定俗成。这是自为慈善形态的特质。应当肯定,自为慈善形态是人类慈善发展的首个形态、基础形态,是人类慈善事业的启蒙阶段和传统慈善的萌芽。

第三节 未来慈善形态预测

通过前面对自为慈善形态的推演,大家已经了解了自为慈善形态的内质与外表。对于传统慈善与现代慈善问题,本论在第六章已经进行了较为系统翔实的论述,这里不必再对其专门讨论。现在,有必要再对未来慈善形态进行预测性阐述。

未来慈善形态,是慈善的最高形态,顶端形态。未来慈善形态也可以称为大同慈善形态。这里所谓的大同,是指届时,民间的慈善事业与官方的社会保障及福利等实现了高度同一,世界慈善国际化,全球慈善大融合。本论预测,现代慈善形态经过漫长的演化和发展,会逐渐形成新的慈善形态,即未来慈善形态或大同慈善形态。这种慈善形态同社会公益事业实现了全面的融合,慈善组织同政府的保障机构合一,现代慈善形态被未来慈善形态所取代。(为了方便起见,本论以下论述中只用未来慈善形态表述。)未来慈善形态有以下几个特点或表现:

A. 慈善组织成为社会自由联合体。社会经济状况与社会保障和慈善事业的共同发展,一定会使民间慈善与政府公益的差别极大缩小,慈善组织与政府的社会保障机构基本合一,慈善组织的传统工作使命结束。也可以预见,未来慈善形态中的一切慈善组织都将是各种形式的社会自由联合体,不再需要政府登记注册,可能最多只是备案制。慈善组织工作个体化和个体慈善组织也将十分普遍。慈善组织的主要任务不再是现在意义的对人的物质救助行为，将承担着一定的、全新的社会公益职能，也可能主要是从事政府给予的工作或对人们的精神关注。据悉，目前在西方有些发达国家已经出现了类似于自由慈善组织的慈善"捐赠圈"，就是一种民间自由组成的慈善联合体。慈善组织的变化是社会慈善发展阶段的风向标。这种捐赠圈联合体可能就是未来慈善组织的萌芽。

B. 慈善工作者的劳动全部变成了劳务捐赠。当前，慈善工作者的工作还是为了谋生，必须要有报酬。然而，本论可以预断，随着人类社会经济的发展，社会保障能力的提高和完善，政府的保障手段解决了所有人的生活问题，人们完全摆脱了因物质上的缺少而产生的痛苦时，社会剩余劳动力一定会大量增多，参加社会工作将是人们的一种享受。那时，为慈善组织而工作的人们，目的不再是为了谋取个人生活资料，只是为了实现自己的志愿和乐趣，不再获得任何报酬，所有的慈善工作者也都是志愿者。

C. 人们的志愿劳动将占社会劳动总量一半左右。社会志愿劳动量是衡量一个国家或民族公益慈善发展的重要指标。现在发达国家志愿劳动量很高，中国近些年来志愿劳动量也在不断提升。在未来慈善阶段，人们的劳动主要目的不是谋生，志愿劳务捐赠会普遍增多，许多社会劳动都将变成没有报酬的志愿付出。本论可以判定，到了未来慈善形态阶段，发达国家也包括中国，社会志愿劳动量将占社会劳动总量的一半左右。那时的一些社区工作，养老服务，公益慈善组织的工作将全部由志愿者承担。还有一些生产领域里的大量劳动也将被志愿劳动所取代。

D. 生活消费品无回报的共享将会十分普遍。慈善发展到未来慈善形态时，一定是实现了人人慈善的社会。物质极大丰富，人们的觉悟极大提高，一定会有一些生活消费品实现共享成为慈善的行为方式之一。比如，张三到某市旅游、探亲，他可以在网上找到免费供他使用的私家汽车或其他有关用品，也可以随时用上免费的交通、食宿等生活用品与设施。对于慈善用品享用人也可能不再是赤贫人员。那时，人们随时随地都能享受慈善的给予，捐赠主体将超过受捐主体，寻找受捐者将类似现在寻找捐赠者一样。

E. 慈善事业实现了国际化。慈善行为无国界。本论第九章已经说过，慈善事业的国际化是一种必然趋势。可以预测，到了未来慈善形态时，慈善事业或具体慈善行为一定消除了国界的限制，实现慈善国际化。那时的公益慈善组织会更多的从事国际间的慈善公益活动，尤其发达国家的慈善组织主要的工作对象是国外相对落后的国家或地区，救助的项目也主要不是人的生存，更多的是满足发展的需求或临时性的突发需求。

以上是本论对未来慈善形态的大致描绘。

第四节　慈善形态发展的四个阶段

前面的论述已经告诉大家，有史以来人类社会的慈善实践活动已经经历了自为慈善、传统慈善、现代慈善三种形态。随着慈善事业的发展，还要逐渐达到或进入未来或大同慈善形态。这样，在人类社会慈善形态上要有四个不同阶段，也就是四种发展形态。虽然在前面的论述中，大家已对慈善事业的四种形态问题基本掌握，但是，为了更加深刻地掌握和了解慈善形态发展的四个阶段，还有必要再对其进行简要抽象的阐述。

现在，就对四个慈善形态进行以下概念性表述：

A. 自为慈善形态。我们知道，自为慈善是事先没有思想准备的，在人的潜意识支配下即时产生的慈善行为。这种行为可能是一人或多人的即时行为。这是本论通过科学推演发现的慈善形态。自为慈善是人类慈善事业的始祖形态，是慈善发展的第一阶段。自为慈善形态也是人类慈善的原始胚胎，是传统慈善形态的初始阶段。

B. 传统慈善形态。传统慈善形态即是人们在慈善意识支配下一种有目的地使用简单慈善方式从事私益慈善活动过程的总和。也可以说是一种以血缘为纽带，以地缘为空间开展慈善行为的社会慈善形态。传统慈善是当前人们非常熟习的慈善形态，是人类慈善事业发展的第二阶段。

C. 现代慈善形态。现代慈善即是人们打破了血缘与地缘界限，使用复杂慈善方式所从事的公益慈善行为过程的总和。现代慈善的救助宗旨，从单纯地对人的生存保障转向了人的全面发展需要和社会公共利益的需要。这种慈善形态是当前世界的主流慈善形态，也是我们正在实践中的慈善形态。现代慈善形态是人类慈善事业发展的第三阶段。

D. 未来慈善形态。未来或大同慈善形态即是慈善行为由对弱势群体的各种救助，转到了支持人类精神发展和对政府公益事业辅助行为过程的总和。未来慈善形态中，现代性的慈善组织与专业谋生的慈善工作者消失，社会劳务捐赠极大增多，慈善实现国际化。未来慈善形态，是我们根据慈善事业发展规律，对慈善事业发展的预测得知。未来慈善形态是慈善事业发展的第四阶段，也是慈善事业的最高形态。

自为慈善形态、传统慈善形态、现代慈善形态、未来慈善形态的体量和等级不同，其慈善实践活动在社会生活中的地位和作用也不同。

慈善形态的性质是区分不同质的社会慈善水准的标志。大家经常讲的传统慈善或现代慈善，均是针对慈善形态的性质而言。慈善形态是区分各种社会慈善事业性质的基本准则。认定一个国家或地区的慈善形态性质，不能只单纯地去看它的个别慈善行为方式，而应当把它的慈善行为方式与慈善文化和慈善社会约束力结合在一起考量，方能科学地断定其慈善形态的性质。

不同性质的慈善形态与不同的社会经济形态相对应。自为慈善形态主要对应的是原始社会与奴隶社会早期。传统慈善形态主要对应的是奴隶社会末期与封建社会时期。现代慈善形态主要对应的是资本主义社会时期（中国是社会主义初级阶段）。未来慈善形态主要对应的是后资本主义社会时期（中国应是社会主义高级阶段）。这里所说的对应只是基本或大概，是一般意义上的相对。

第五节　慈善形态的演化与叠加

大家知道，人类社会已经经历了自为慈善、传统慈善、现代慈善三个不同的慈善形态，还将发展到未来慈善形态。然而，作为各种慈善形态，其产生与发展不同阶段的转换，是一个不断生成和演化的事物，是由量变到质变的过程。而且，这些形态的变化不是一个对另一个的彻底否定与清除，而是叠加式的存在，累进式的发展。

一、慈善形态的演化

演化是慈善形态变化的基本形式。下面就来阐述慈善形态的演化及其过程。

（一）演化的一般性

本论先说一般意义上的演化。演化就是一点点地逐渐变化。使一种社会事物或自然生命体，由原来的形态逐渐变成另一种形态。例如，自然界的演化：由于人们对土地的开垦和气候变化而使一些地方逐渐沙化，变成了沙漠。再如，每个人都是由孩童逐渐变为少年、青年、壮年、老年，直至死亡。社会形态的转变也是同一规律，也是在不断的演化过程中完成的。例如，人类从原始社会到奴隶社会，再到封建社会进而发展到资本主义社会各个形态的转变，就是在不断演化的过程中产生和完成的。

（二）三种慈善形态的演化过程

已经实践过的三种慈善形态是这样产生和演化的：

A. 人们的社会实践演化出了原始自为慈善形态。本论坚信，在人类社会初期，由于人们自然身体中的慈善基因作用，产生了简单低级的慈善潜意识。这时的人们虽然不会主动去开展慈善活动，但在实际生活中会经常产生即时的帮扶救助行为，也就逐渐地产生与形成了自为慈善形态。

B. 自为慈善形态演化出传统慈善形态。自为慈善形态是传统慈善形态的萌芽。伴随着社会经济文化的发展，到了封建社会初期产生了慈善文化，人们的慈善行为由自为性发展到了自觉性，慈善行为变成了人们有目的有准备的施舍活动，这时，俗称的传统慈善形态也就逐渐地产生与形成。在自为慈善形态中演化产生了传统慈善，进而形成了传统慈善形态。

C. 传统慈善形态演化出现代慈善形态。慈善事业始终随着社会的发展不断进步，其本身的形态也必然在发生变化。在长期的传统慈善过程中，产生了现代慈善的萌芽与雏形。到了近代资本主义社会阶段，慈善更加进步和发展，慈善方式也发生了质的变化，慈善成了一种重要的社会事业。于是在传统慈善形态中，随着现代慈善方式的逐渐增多，也就逐渐演化成了现代慈善形态，慈善事业走进了现代慈善阶段。所以，现代慈善形态源于传统慈善的发展与演化。应当指出，现代慈善形态从国际来看主要形成或表现在近代资本主义发达阶段。从中国来说，其成型主要是在近二十多年来的改革开放之后。尤其《慈善法》的实施，是中国现代慈善形态形成的标志。

（三）现代慈善形态必将朝向未来慈善形态演化

现代慈善形态不是慈善形态的终点，慈善事业还要发展变化。实际上现代慈善形态正在加速度地变化着，它一年的变化可能相当于传统时期的十年或百年，或者是更多的倍增。我们知道，现在个别发达国家的慈善事业已经进入了一个新的超过现代意义上的慈善方式或模式。本论把所谓的超过现代慈善的新慈善或后现代慈善，称为未来慈善形态的萌芽或胚胎。所以，现代慈善形态的发展也必然会演化成未来慈善形态。

（四）对慈善形态演化的总论

现在可以这样归纳：人性善的本质和人们之间的血缘亲情，促使和激发了人们原始的自为慈善行为的简单私益慈善，形成了部落性的自为慈善形态。在其长期发展过程中慈善又逐渐由人们的自为行为变成了自觉行为、主动行为，开始逐渐发展到了传统慈善方式，进而形成了传统慈善形态。在传统慈善形态中，复杂慈善与公益慈善的日益增多，慈善事业又发生了质的变化，至使现代慈善形态形成。现在，慈善又在向着更高的形态发展，向着未来或大同慈善形态演化。

二、慈善形态的叠加

慈善形态的产生与发展不是后面对前面的消除，而是以叠加的方式存在着，新形态叠加在旧方式之上。

（一）叠加的一般意义

我们先说叠加的概念。叠加，即是各种物体不断地逐一累放。把乙放到甲上，再把丙放到乙上，以此类推，不断地把新的放到旧的上面。比如，在旧房子上又加盖了新房子。考古学上的地质沉积，就是一种自然界的典型叠加现象。叠加也是一种累进和发展。事物在叠加中会使体量不断地扩大、提升，不断地使原来的状态发生改变，其地位和作用也日益显著。

（二）慈善形态的叠加

慈善形态的发展变化既是一个对另一个的更替，也是一个对另一个的叠加。后一种形态叠加在了前一种形态之上。这种叠加使上一层覆盖了下一层，最上一层为当代层，表现为现存的慈善形态。例如，在传统慈善阶段，人们感觉的只是传统慈善，而不再追溯之前的自为慈善。同样，到了现代慈善阶段人们感觉的只是现代慈善，而不再追溯传统慈善，这就是慈善形态的更替。慈善形态的转变是慈善实践需求的推动，慈善事业发展了，原来的慈善方式已不完全适应，必然催生新的慈善方式，进而产生新的慈善形态。慈善不存在人为的转型问题，人为的作用只是顺应趋势的一种主动适应。总的来说，慈善形态的变化过程是一个客观自然发展的过程。

（三）叠加后新形态与旧形态的关系

慈善形态更替后，人们注意到的是现存的占主要地位的新形态，旧形态退到了慈善方式的等级地位，不张显的地位，其存在往往被视而不见，但实质上旧慈善方式依然存在。实践证明，慈善在每种新形态之中，旧形态的慈善行为方式依然存在，或多或少地总是保留在实践中。所以，慈善形态的更替，是原有慈善方式的减少，不是归零。实践中我们也发现，在传统慈善形态中总会存在着自为慈善行为方式，而在现代慈善形态中也总是存在自为慈善和传统慈善行为方式。实践证明，在当前的慈善行为表现中，也会时常发生一些即时的没有事先准备的慈善救助行为，这些事情发生的概率还很高。例如，邻居家失火了就要立即去帮助灭掉；路上的老人摔伤了，有人马上扶起送医；还有，目前简单的私益性质的传统慈善也依然存在于一些地方，而且是较为普遍的慈善行为方式。这些都充分地体现了慈善形态发展的叠加性。因此，在叠加的慈善形态中，新的形态里面总是存在着旧形态的行为方式。这种叠加是从第一层级开始直到第四层级。慈善形态叠加的层次越多、越高其旧方式的积累也就越多。

（四）对叠加的归纳

理论和实践都充分证明，慈善形态是个动态事物，在实践中不断地演进变化。但是慈善形态的变化不是后者取代前者，也不是一个死亡另一个产生。它们的演变是产生了新的,同时还留有旧的。在同样一个社会空间内,可能同时存在着自为慈善、传统慈善、现代慈善等多种慈善形态。慈善形态没了,慈善方式还存在。所以,准确地讲,一种新形态的产生只是对旧慈善方式的叠加。还应强调,社会主要慈善方式决定慈善形态的发展阶段。在慈善事业不同阶段中,不能有并列的慈善形态,只能有一种慈善形态,而由这种慈善形态确定社会慈善的发展阶段性质。叠加后依然存在的原慈善只是旧形态中的慈善方式,而不是慈善形态。

第六节　未来慈善形态的消亡与回归

大家知道,慈善形态的变化是一个从低级向高级演化和叠加过程。然而,这个过程发展到未来慈善形态后逐渐开始回归,未来慈善形态消亡,慈善回归到自为慈善形态。

一、未来慈善形态消亡的必然性

研究发现,未来慈善形态与前三种慈善形态不同,它是一种顶级形态,不会在未来慈善形态中再演化生成另一个再高一级的形态,也不会再继续叠加,它的发展结果是一种逆向回归,自身形态消亡。这种消亡的必然性是由以下诸多事物发展变化规律决定的:

(一)一般事物发展变化规律决定了慈善发展一定会产生逆反

哲学理论认为,事物发展变化的规律总是这样的,变化是绝对的,静止是暂时的。一种事物正方向发展到一定阶段,就要朝着逆方向回归。正如自然人一样,由婴儿起,一直成长到壮年,然后开始衰弱变老最后死亡。这就是哲学上的物极必反原理。现在,理论上可以这样推论,慈善在达到未来慈善形态后,再经过漫长发展阶段即开始逆反,直至其形态消亡、回归。

(二)人类社会发展必然要消灭慈善事业存在的必要性

慈善形态的状况与整个社会的经济形态紧密相关。社会的发展迟早要实现按需分配,成为和谐美好的乐园。这种社会形态必然决定和改变慈善形态。

A. 两大主义同奔一个王国乐园。唯物主义和唯心主义者都认为世界一定会实现理想的自由王国乐园。大家熟知的无产阶级唯物主义理论家马克思等认为，人类社会通过生产力的发展，达到物质财富的极大丰富与人们觉悟的提高和劳动不再是自然对人的奴役时，就能实现按需分配的共产主义社会。然而，各种唯心主义的宗教思想理论也都梦想通过神的作用来实现人类的伊甸园。如，以《圣经》为教义的基督教中的一派认为，有朝一日上帝将开始行动，除掉现实社会的一切国家机器和各种宗教之后由上天的神来统治地上的人类社会，使人类重回伊甸园般的幸福生活。对于人类未来社会的发展预测，唯物主义和唯心主义两种思想主张的方法和道路相反，但终极目标都是追求人类的解放和自由，实现世界大同的自由王国乐园。可见世界上的唯物主义和唯心主义都在力图消灭人类社会的差别与问题，都认为理想的自由王国一定会达到。

B. 人类社会发展的必然性。这里，我们暂不讨论两种世界观和道路问题。但是本论可以肯定地认为，无论如何从现实世界发展趋势来看，人类通过社会生产力的不断发展和思想觉悟的不断提高，一定会实现按需分配的社会，这是必然的。当前，国际社会的实践已经证明，人类正在日益走向福利社会和自由王国、理想乐园。可见，如果社会实现了按需分配，社会保障也一定会自然而然地得到充分地完善，慈善作为社会保障的补充也就没有存在的必要了。据悉，现在美国就已经出现了一批实效利他主义青年，从读大学时就开始规划自己的慈善之路，寻找工作的目的不是为了个人谋生，而是如何有利于做慈善，挣钱的目的是为了更好地捐赠。（参见〔澳〕彼得·辛格著《行最大的善》）

（三）慈善作为的结果也在不断地消灭自身

我们知道，慈善是对弱势群体的救助，是社会的三次分配，通过慈善手段进一步平均财富，缩小贫富差别。然而，规律一定是这样的，慈善越发展越进步，其调解功能就越大，贫富差别就越小，慈善物质救助的对象也就越少。没有了救助对象也就没有了自觉慈善存在的必要。所以，慈善的发展也在不断地自掘坟墓，向着消灭自己的目标前进。

综上所述，人类社会发展规律和慈善事业作为终极结果，必然要消灭贫富差别等社会问题。一旦社会弱势群体的问题被政府的公共福利完全解决，慈善这个手段也就不需要了，慈善事业也就自然消亡了。慈善只能是一种即时性的自为举动，不再是人们有目的的社会实践活动。慈善也就不再成为一种社会事业，其原来意义上的慈善专业组织、专业工作者与社会约束力都将消失或改变。同时，传统慈善方式和现代慈善行为方式也都随之消亡。

二、未来慈善形态回归到新型自为慈善

前面的论述已经告诉大家，慈善发展到未来慈善形态后，再经过漫长岁月的发展，这个人类慈善事业的顶峰——未来或大同慈善形态就会逐渐消亡。虽然未来慈善形态不再孕育产生新的形态，但慈善还是依然存在，它又回归到了自为慈善并与人类社会共存。然而，回归后的自为慈善形态与原来的形态存在着不同的差异。下面本论就来阐述慈善的永恒性和回归后的差异性。

（一）自为慈善形态存在的永恒性

慈善与慈善事业不同，慈善是永恒存在的。未来慈善形态或慈善事业消亡，不是慈善的消亡，慈善与人类社会一并产生并与之共存。即使到了最发达的按需分配的人类社会中，不需要慈善事业了，但也一定需要慈善，需要爱心，也一定会存在着自为慈善方式。因为，自为慈善是一种没有事先思想准备的即时产生的慈善行为，而实践中定会产生即时需要救助的事件。我们必须承认，就是在人类社会最高级阶段中，虽然物质财富极大丰富，劳动不再是自然对人的奴役，消灭了贫穷、饥饿、无钱治病、失学等问题，但人们必定还会遇到暂时偶然的困难或困境。例如，行走的汽车突然抛锚，即使社会救援再发达也可能要有个时间问题，很需要附近的人们伸手相助；街头有人突然摔伤也需要身边的人及时相救；有的儿童或成人不慎落水急需救援；还有突如其来的自然灾害，附近的人们就要及时搭救等。这些行为都是自为慈善存在的必要。

（二）新旧自为慈善形态的差别

慈善形态的回归不是简单的复原，是一种进步的回归。回归后的自为

慈善形态与原来形态一定会有所不同。未来的自为慈善形态中的慈善行为，与过去的一切慈善阶段中的自为慈善方式也会有所区别。主要是：

A. 慈善行为将更为普遍及时。比如，因某种原因张老三处于缺食状况，李老四会马上把自己的食物送过去；有人倒下了，旁边的人不会再犹豫，能马上实施救助，不会再有扶与不扶的问题。

B. 慈善行为不再使人们感到是慈善，不再作为一种什么了不起的事情宣扬和提倡。对于慈善付出者也是一种享乐。因为那时的人们对于物质财富观念极其淡薄，不再会对即时的慈善付出有物质付出的感觉，更没有丝毫需要回报的意念。

C. 慈善不会再次发展为一种社会事业。原始自为慈善中产生了传统慈善，而回归的自为慈善只是始终存在于人们的日常生活中的平凡之事，不会再发展进步，始终处于一种永恒或微变的状态。

我们非常期待未来或大同慈善形态的到来和消亡！

附 论

第一编 慈善理论专题论述

第一篇 仁者理念与慈善上层建筑创新

本文我与大家研究和探讨仁者理念和慈善上层建筑创新问题。这是当前慈善理论界的一个新问题,很值得研究和探讨。

一、关于"仁者理念"的概念问题

我们知道,所谓仁,就是爱的意思。仁者也就是爱者,是个有爱心的人。理念是人的思想观念,是人的世界观。仁者理念也可以理解为爱心思想、爱心意识或叫慈善思想、慈善意识。总之,仁者理念的概念提法,是对慈善思想理论不同视角的反映和表现,是一个创新发展的慈善理论概念。我们非常希望这一概念在今后的社会慈善实践中充分发挥作用,并不断得到完善。

大家知道,理论来源于实践,是对客观存在的抽象。我们应当认为,仁者理念理论的形成和推出,也是来源于实践的,来源于慈善事业的实践。我们从本次研讨会的介绍中知道了"仁者"的故事。这个故事启动了"仁者"公益助学活动,今天又进而推出了"仁者理念"的概念。这就是由实践到理论。

我们必须看到,随着慈善事业的发展,公益慈善思想理论也伴随着实践在发展,各种反映慈善思想意识的活动、反映其思想交流的载体、丰富多彩的文化艺术创作与表演等日益增多,慈善意识形态业已形成。仁者理念这一概念及其内涵是慈善思想理论的一部分,也是慈善意识形态的一部分。慈善界的广大实际工作者和理论工作者都应积极地为打造良好的慈善意识形态作出自己的贡献。

实践证明，同一本质问题的不同理论表述方式，其意义和作用也是不同的。经研究发现，仁者理念的提出对于政府工作者、教育工作者以及各级领导者，是很有实践意义的。也可以说，这一理论在慈善公益社会实践中对于具备一定统治权力和地位的人是很有意义的。假如，一个处于统治地位的人，充满着仁者理念，那他在对被统治者进行政策制定、工作安排、物资分配、个人生活处置等，都会做到以人为本，以人性的理解和关怀为最基本原则。再如，我们的教师如果是个仁者，他就会对学生们充满爱心。如果我们的家长是个仁者，他就会对家人充满慈爱。仁者理念更多地承载着精神上的爱。这种精神上和意识上的存在必然促使人们爱的付出，促使爱的物质奉献。所以仁者理念的理论是值得广泛推广和应用的。

二、关于慈善上层建筑的创新问题

慈善创新是个永恒的主题，是不容质疑的问题。本论在这里主要讲一下慈善上层建筑的创新问题。

慈善上层建筑也谓慈善意识形态及其相关事物。我们前面已经说过，当前中国随着慈善事业的发展，慈善意识形态业已形成。意识是反作用于实践的，这是哲学的浅显道理。搞好慈善上层建筑建设，打造良好的慈善意识形态，对于促进慈善事业发展非常重要。虽然当前我国的慈善事业已蓬勃发展，但慈善意识还远远落后于实践，上层建筑还不适应于社会实践活动，还不适应物质捐赠慈善行为活动。我们还必须下大力气做好慈善上层建筑的创新发展，以推动慈善意识形态的改善，从而改善慈善的思想环境和社会环境。

慈善上层建筑创新主要有以下三个方面：

第一，慈善理论创新。理论对于一切社会实践来说都是非常重要的。实践证明，当前慈善方面的理论是非常薄弱的。传统的思想道德理论与扶贫济困之说，已远远不能满足现代慈善事业的需要，尤其与中国的现代慈善事业要求不相适应。当前国内专家学者的论文所述基本停留在就事论事上，缺少或根本没有基本理论研究。中国的慈善事业非常需要创新的慈善理论，需要慈善的基础理论。理论的力量是无穷的，一种理论观点的确立，不知能带来多大的社会效果。最近研究发现，现代慈善事业是缩小社会贫富差别，实现人类美好愿景的助推器。慈善可以做到这样一个效果，对于富人的财富不再需要通过暴力剥夺去实现再分配，而是通过让财富拥有者的仁者观念或慈善观念的树立和提高，自觉自愿地拿出来分给穷者。这是一个多么好的再分配办法呀。如果这一理论观点能够被确立，可以大大增强社会各界对慈善事业的重视，尤其是社会慈善管理机关的重视，会对慈善事业产生强大的推动力。

第二，慈善教育创新。慈善教育是慈善上层建筑的重要组成部分，是塑造人的仁者理念和慈善意识的基础工程。慈善教育是打造人的仁者理念的关键一环。我们必须创新和改进慈善教育才能有利于打造人们的仁者理念。中国当前的慈善教育改革势在必行。大家知道，由于极左思想路线影响，在中国过去的学历教育中，曾经把慈善方面的思想及有关内容作为资产阶级的人性论进行批判，课本上基本看不见慈善理念方面的内容。近些年来虽然有了一些改进，但其数量和质量还是远远不足。对于慈善教育主要应当放到中小学，尤其在小学的语文教育里，要把慈善内容放到重要位置。传统慈善与现代慈善是有区别的，我们既要保持和加大传统慈善思想文化的内容，也要增加现代慈善思想文化的内容，新旧慈善思想文化都要兼顾，缺一不可。慈善教育从娃娃抓起，是当前的一种创新。各地开展的慈善文化进校园活动，有力地推动了慈善教育的发展，一些慈善组织采取了多种多样的慈善文化教育普及工作。有些地方组织编写了适合中小学阅读的课本、宣传材料，有的在校园里通过标语和板报等形式宣传慈善理念。有的还在校园开展用压岁钱做慈善等实际活动，以此提高学生们的慈善爱心。

第三，慈善宣传创新。慈善宣传是慈善意识形态领域的另一重要方面，是慈善上层建筑的重要构成。搞好慈善宣传创新是慈善上层建筑创新的重要任务。近些年来随着中国慈善事业的发展，已经涌现出一些专业慈善公益传媒。而且各有关报纸、电台、电视台、新闻网站等也都开辟了专刊、专栏宣传慈善公益事业。我们也高兴地看到，当前我国慈善专业媒体队伍已经形成，为做好慈善宣传工作提供了信息传播的专业人才。但是，在慈善宣传上我们还要继续创新。要做到三要：

一要在形式上创新。慈善宣传的形式是多种多样的，不一定只是传统的报纸、广播、电视。如慈展会就是一种慈善宣传的创新形式。还可以召开各种不同地区、不同形式的展示会来扩大慈善宣传。

二要内容创新。要积极挖掘可供宣传的慈善内容，尤其要加大对新的慈善理论观点及有关思想的宣传。不仅仅拘于宣传好人好事，物质捐赠，也要宣传精神关怀等慈善行为。既要宣传大款大捐，也要宣传平民百姓的爱心故事。

三要经费创新。要积极开展和创立慈善宣传基金。慈善宣传也需要资金支持，慈善宣传资金是搞好慈善宣传的经济保障，各级慈善组织都应当千方百计地为慈善宣传募集必要的资金，积极劝导爱心企业家出资在慈善组织中设立慈善宣传基金，用以支持慈善宣传，支持发展慈善文化。而且还要在理论上确认，出资支持慈善宣传也是慈善捐赠项目，也是做慈善。

第二篇 慈善的本质是付出

对于任何一种事物都必须认识和掌握它的本质。对于当前的慈善，更需要认识和掌握它的本质问题。所以，本文就与大家讨论慈善的本质。科学正确地认识慈善的本质，是我们制定和实施慈善政策、正确看待和评价慈善行为的理论基础。

关于慈善的概念、定义及其历史与现代的内容，还有待于专家和学者们研究与确定。然而，慈善是一种行为，这种行为应有这样一些特征：一是要以不同的形式支付自己的货币、物品或是支付自己的价值和使用价值；二是支付自己有价值的活劳动，支付自己的脑、神经和肌肉；三是这种支付是为他人没有回报的支付。因此，我们认为慈善的本质是付出。一个人再有爱心而不做出任何物质付出，不能称为慈善。一个人的付出只要是为他人的付出，不管他的主观目的和支付方式如何都应是慈善，都应受到尊重、支持和鼓励。

当前，随着现代慈善事业的发展，慈善不断创新，新的慈善方式也在不断涌现，有的同志不断变换花样地做慈善，以各种形式去撒金；有的同志用股权出让转为慈善基金，这些都是慈善的创新。最近有一个女作家在网上义卖自己的家常菜，让人们到她家里吃饭，为白血病患者募捐，一天就拍出了十多万元。还有人组织志愿者上街为路人理发，到内蒙古沙漠植树等。不管何种方式，他们的这些行为都有一个共同的特点，就是要为别人付出，都是慈善行为，是善举。

既然慈善的本质是付出，付出的任何价值或使用价值都是慈善行为，我们就不应再对一些慈善人士说三道四、评头论足，认为是炒作、作秀等。当然，在慈善实践中也有属于炒作和作秀之为，但这些不是主流。慈善中的不当的行为也一定会随着慈善事业的成熟而被克服。实践证明，人们做慈善的方式存在着一定的不同性。近日，民政部救灾司一位官员在回忆汶川大地震救灾一文中，就列举了十种慈善捐赠办法。

总之，不管是什么人，即使他主观上确实是为了个人某种目的去做慈善，都是无妨的。对于慈善行为我们可以不去观察和追究行善者的主观目的和慈善物质的付出方式，我们只关心他支付的数量和质量。我们鼓励无任何个人目的的慈善，也欢迎主观为自己客观为别人的慈善。现在，我们不怕那些翻新花样，总让人感到异样的慈善行为，我们怕的是只说不做，或者专挑别人的毛病而自己却一毛不拔的人。更为恶劣的是，有的媒体人为了个人名利，不顾社会效益的大局胡说八道，任意放大慈善活动中的问题。这些行为实在不能让人容忍。我们研究和阐述慈善本质的理论意义也在这里。

第三篇　把义工劳务捐赠表现货币化

大家知道，当前志愿服务的义工劳动是慈善事业的重要组成部分，劳务捐赠也是慈善捐赠的一种形式。近些年来，随着各地慈善事业的蓬勃发展，尤其各地慈善会的成立，大大地推动了义工队伍的形成和发展。因此，正确地、科学地表现义工劳务捐赠成果十分重要。

遗憾的是，现在一般讲慈善捐赠时只说款物共计多少，而在表现劳务捐赠的成果时，也只讲多少支队伍、多少名志愿者，这是不对的。我们必须认识到，社会慈善捐赠应当由三个部分组成，一是货币，二是物资，三是劳务。不能只用价值或货币表现前两项，而丢掉后一项。也应当把劳务捐赠表现货币化。

劳务捐赠表现货币化并不难。我们把当地相当行业的标准日工资乘以其劳务时间，即可计算出其捐赠的劳务价值货币量。同时也可以用捐赠的单个服务成果价格乘以其劳务成果总数量，即可知道它的劳务成果的货币量。例如，某市有个慈善理发店，每月有一日为六十岁以上老人免费理发，一年免费理了一千个，每个应当收费二十元，它的此项社会劳务捐赠量折合人民币就是二万元。

劳务捐赠量表现货币化，并入社会三大慈善捐赠之一具有十分重要的意义。一是劳务捐赠表现货币化符合经济学原理和已被社会普遍接受的劳动价值论。政治经济学理论认为，货币是社会劳动的价值表现，物资或商品是活劳动的物化。所以，劳务、活劳动是形成商品价值的前提和基础。把劳务捐赠量表现货币化在理论上是成立的。二是货币是价值尺度，用货币表现劳务捐赠量有利于衡量劳动捐赠的价值贡献量。三是有助于推动义工队伍的发展。用货币计量义工捐赠成果能科学地表现其捐赠量，有利于调动其捐赠的积极性，会大大增加志愿者数量，增加义工个体的捐赠量。四是有利于实现人人慈善。对于一个健康的公民来说，他可能没有多余的的货币和实物可捐，但它有劳动能力可以捐献。这对于社区、乡村开展慈善事业更有意义，扩大了慈善捐赠资源。五是有利于表现地方慈善会的工作业绩。各级地方慈善会尤其是市、县、区的慈善会是综合性慈善组织，开展志愿服务是其重要慈善工作内容，把义工劳务捐赠量表现货币化能充分体现慈善会的工作业绩。

在某种意义上讲，劳务捐赠要比实物捐赠所起到的效果更好些。实物捐赠往往带有盲目性，对于需求不对的捐赠来说，使用价值就失去了价值，起不到捐赠效果。例如，一个人需要食物你却送去了衣物，这就毫无意义。劳务捐赠一般应是以需定捐，捐赠者与受捐者对接，直接满足了需求者的需要，不会浪费。同时也节省了慈善捐赠活动过程的运营成本。

总之，我们必须在理论上确立劳务捐赠的性质及其正确表现办法，在实践中积极把劳务捐赠表现货币化，推动志愿服务的发展，增加慈善事业的资源。

第四篇　实物捐赠要讲究使用价值

大家知道，历来在社会慈善捐赠活动中，实物捐赠是比较普遍的现象，也是社会慈善捐赠的一种基本方式。毫无疑问，这种捐赠对扶贫济困、赈灾救助起到了极其重要的作用。但是，实物捐赠也存在着一定的缺点和问题，必须引起我们足够的重视，并在实践中认真克服，以保证实物捐赠在慈善事业中发挥更好的作用。

政治经济学原理告诉我们，价值和使用价值是一个商品的两个不同方面。实物和货币是社会物质捐赠的两种基本形式。实物与货币相比，实物捐赠的优点是不用再通过市场交换就能对受困者，尤其是对急需者起到直接的、立竿见影的效果。例如，衣物使寒冷之人马上得到温暖，食物使饥饿之人马上得到能量的补充，立马解除饥饿的折磨。实物确能立刻改变受困者的境况。货币这种一般商品的等价物就做不到这一点，因为人们不能直接消费货币。然而，由于捐赠的物品技术质量不合格，或者不是救助对象所需的品种，救助物就失去了使用价值。因此，所捐赠的物品也就失去了意义。例如，捐赠的粮食变质不能食用，需要食物的人得到的却是衣物，这对于受捐者来说毫无用处，捐赠的行为也就没了效果，等于零捐赠。所以，实物捐赠存在着一定的科学性和适用性问题。不能随意乱捐。一定要首先考察或清楚受捐者的需要情况，按照需要实施捐赠。

实践证明，在慈善活动中的实物捐赠确有各种相悖的现象发生。主要有以下几种表现：

第一，超出受助者实际需要的过量捐赠。尤其对于突发性受灾地区的某些捐赠往往会出现这种情况。例如，媒体曾曝出汶川地震结束很长一段时间后还有大批赈灾物资，至今仍存在仓库里未开箱。

第二，不注意捐赠物品的受理成本。由于捐赠者与受捐者不是同一空间,有的物品体积过大,需要耗费大量运力才能到达受捐人手里。所以,有些物品价值不高,体积又大,或宜腐烂的就不易捐赠。在汶川地震时北京就有一个瓜农要让某慈善会把一车西瓜运到灾区捐给群众。

第三,捐赠出自己多余的、使用价值不佳的物品。这种现象主要以家庭居多,而且多为衣服等日用品,有的过破过脏,不做任何处理就捐了出去。这些物品不但使用价值大打折扣,而且对于受助者也是一种不尊重。虽然俗话说要饭不嫌馊,但作为慈善捐赠是万万不可这样的。我们需要的是爱心奉献,而不是垃圾处理。

综上所述,我们不难看出实物捐赠存在的问题。实物捐赠必须做到质优量适。要做到这一点,首先,要有目的、有计划地捐赠。要知道受助对象需要什么、需要多少,然后适需而做。其次,要讲究捐赠物品的技术质量,不能把不合格、不宜使用的物品捐出去。最后,还要考虑所捐物品的价值和物品运输的成本关系,不能把运费比物品的价值还高的东西捐出去。

作为社会劳动产品的商品,只有当它存在某种使用价值并被消费,它才实现了社会财富的价值。实物捐赠品只有完全被受助者使用,慈善行为才能实现。所以,我们必须严肃认真地做好实物捐赠的慈善活动,提高实物捐赠质量,保障慈善事业的健康发展。

第二编　慈善时事评论（一）

第一篇　慈善需要法规，更需要理论

理论是先导，法规是约束。从某种意义上讲，理论与法规是社会上层建筑领域里两个最重要的方面，也是某种具体社会行为的先导和约束。高速发展的慈善事业会给我们带来许多新问题。然而，当谈到影响慈善事业发展的问题时，人们更多地呼吁国家尽快进行慈善立法，以规范、保证、促进慈善事业的健康发展。但是，我们认为慈善立法对慈善事业发展固然重要，而慈善理论比慈善立法更需要。实践证明，当前慈善事业更需要科学的慈善理论为它提供助力和导航。

当前必须看到，在中国慈善事业中高速发展的实践与法规滞后的矛盾，而理论严重滞后的问题还没有引起人们的重视，更没有意识到这种滞后的严重性和迫切性。我们必须充分地认识到，在中国当前慈善事业中，理论与实践的矛盾是不可忽视的重要矛盾。

大家应当知道，中国当前对慈善事业的法规虽然不足，还没有专门的慈善法（当时慈善法还未出台），但已有很多与公益慈善相关的法律、法规。如《公益事业捐赠法》《救灾捐赠管理办法》《基金会管理条例》等多部法律法规。这些法规可以从不同方面基本上保障了慈善事业的运转。对慈善事业而言，法规进一步适应了空前发展的慈善事业，而理论与法规相比则望尘莫及。直到目前，我们还没有看到一部成体系的论述慈善的基础理论著作。虽然有一些文章和专著，均为应用性作品或文学性作品。由于慈善基础理论不足，应用研究也必然受到限制，对实践极其不利。

慈善理论滞后的根本原因，是前些年对慈善事业的偏见和近年来社会思想理论界对慈善理论重视不够。我们不能把慈善理论研究当成可有可无的软任务，制定政策法规也好，观察和看待具体慈善行为也好，实施宏观和微观诸多慈善活动也好，都需要科学的慈善理论作为指导。自然科学理论可以指导人们更好地改造自然、征服自然，提高劳动生产率；社会科学理论可以更好地指导人们从事各种社会实践活动，建立良好的和谐社会形态。理论来源于实践又反作用于实践，没有理论指导的实践是缺乏科学性的盲目实践，它的结果必然是失败的。中国的现代慈善事业起步晚、发展快，而理论研究起步更晚、发展更慢。目前，慈善专业理论队伍甚微，慈善概念模糊，慈善理论不成体系，且有一些逆论、悖论。这些现状与慈善事业高速发展的要求极不适应。

加强和重视慈善理论研究和宣传，是当前中国慈善事业不可懈怠的任务。要加强和重视慈善理论研究工作，一是政府有关部门要高度重视，要给予政策和经济上的支持，把慈善理论研究列入慈善工作发展规划和政府的刚性作为。要适时组织召开慈善理论研究会，积极创造良好的理论研讨氛围。二是现有的慈善研究和教学机构及有关人员，要把慈善基础理论研究列为重点，不要总是停留在一般工作经验总结或就事论事的水平上，要下大力气尽快拿出理论成果。三是具有一定研究能力的各有关学者，要积极加入慈善理论研究行列，努力为慈善理论研究作出贡献。四是广大爱心企业家要积极出资，设立慈善理论研究基金，支持慈善理论研究工作。五是广大新闻媒体尤其有关专业期刊，要重视慈善理论研究成果的刊发与有关慈善理论的宣传和普及。

现在，我们已经看到了慈善理论研究的前景和希望。2011年我国首家公益慈善研究机构，北京师范大学壹基金公益研究院已经诞生，由河仁基金会支持开办的南京大学河仁慈善学院也已成立。我们相信这些组织均能为慈善事业的理论研究和普及作出贡献。同时，一些社会公益研究机构也开始热衷于慈善理论的研究，有关论文时有发表。我们坚信在国家发展慈善事业的方针政策指引下，在新老思想理论研究工作者们的共同努力下，中国慈善理论研究和宣传一定能够兴旺发达，一定能够满足慈善事业发展需要，促进慈善事业健康发展。

第二篇 公益慈善事业发展的里程碑

盛夏之季百花多，公益慈善奏凯歌。

由民政部、国资委、全国工商联与广东省和深圳市人民政府共同主办的首届中国公益慈善项目交流展示会，将于7月12日（2012年）在深圳市隆重举行。届时，来自全国各地公益慈善界的精英，以及各有关方面人士将云集于此。这是中国公益慈善事业发展的一个里程碑。

根据有关方面资料显示，首届中国慈展会报名参加单位众多，慈善与公益项目种类齐全，会议内容丰富，表现形式多样，不愧是一场空前伟大的盛会。我们毫不怀疑地说，本次慈展会意义十分重大。首先，它是对近些年来中国公益慈善事业发展成果的一次全面大展示、大巡礼、大检阅、大总结、大交流。其次，是对政府近些年来重视和发展公益慈善事业的充分显示。还有，本届慈展会将对今后中国公益慈善事业的发展起到不可估量的推动作用。因此，我们呼吁社会各界积极支持慈展会，努力为大会圆满成功作出自己的贡献。我们还呼吁各界参会单位、入会代表以及大会工作人员积极工作，认真履行自己的职责，保障大会质量。我们也呼吁广大新闻媒体，积极报道和宣传大会盛况，加大会议信息传播力度，让更多的人知道盛会，感受公益慈善的光辉，增加慈善意识，为慈善事业的大发展创造群众基础。

理论和实践都证明，慈善事业是利国利民的好事、大事，是构建社会保障体系，搞好社会财富再分配，促进社会和谐发展的战略措施。慈善事业是各级人民政府的分内重要工作，各级政府必须高度重视，狠抓所属地区的慈善事业发展。本届慈展会由国务院有关部门和地方人民政府共同主办，这也充分说明了政府对公益慈善事业的高度重视，体现了公益慈善事业在中央和地方人民政府工作中的位置。召开类似慈展会这样的社会活动，是重视和促进慈善事业大发展的好方式。中央搞全国的慈展会，各级地方政府也可以搞地方的慈展会，甚至可以搞一个乡镇、村庄或者一个企业的慈善展示会。我们可以假设，一个乡或村把自己区域的凡人善举、助人为乐、互帮互助的事例集中展示出来，供大家参观学习，也一定会收到很好的效果。要提倡灵活多样、不拘一格的慈展会。

大家知道，深圳是中国公益慈善事业发展的先进地区，曾摘得最高级别的七星级慈善城市称号。它确实在公益慈善事业的许多方面都起到了率先垂范的作用，涌现出很多公益慈善事业方面的新做法、新经验。首届慈展会在深圳举行也证明了这一点。实践证明，中国现代慈善事业的发展必须坚持创新原则，没有创新就没有发展，创新应当是慈善事业永恒的主题。尽管在创新过程中必然会出现这样或那样的问题和不足，但无论如何，创新总比守旧好。所以，首届中国慈展会在成功举办的同时，也可能或多或少地存在着不足和遗憾，这也是正常的。

我们积极称赞和大力支持首届慈展会，还在于慈展会是慈善宣传的好形式，是慈善事业的治本工程。慈善宣传是慈善事业的助推器。我们必须看到，中国公益慈善事业的发展，还需要大力改善社会慈善意识环境，增加人们的慈善意识，打造良好的慈善意识形态。公益慈善事业的发展非常需要加大宣传力度。要多方面，多角度，多形式地宣传慈善理念、经验和先进事迹。适时地举办各种慈展会，能有效加大慈善宣传的力度，有利于慈善事业的上层建筑建设，对促进慈善事业的发展大有裨益。

我们相信，首届中国慈展会一定能对全国的公益慈善事业展示交流工程起到良好的开端作用，并通过不断发展，使其成为促进中国慈善事业发展的重要手段，成为中国公益慈善事业发展的里程碑。

第三篇　慈善事业要向理性世界挺进

第三届慈展会如期举行，来自全国业界人士云集深圳。从 2012 年至今连续三届慈展会，充分地展示了中国公益慈善事业所取得的伟大成就，定能有力地推动中国公益慈善事业的发展。慈展会是中国公益慈善事业发展的里程碑，它标志着该事业不断迈上一个又一个新台阶。毫无疑问，中国的慈善事业还要大发展，还要走向更新更高的阶段。因此，我们呼吁中国的慈善事业向理性世界挺进，实现慈善事业的理性化。

理性世界是科学的世界、合理的世界。我们对事物的认识都有一个从感性到理性的阶段,任何一个事物的发展也有一个从感性到理性的过程。追求理性世界,也是人类社会实践活动的共同选择。慈善事业也必然要选择自己的理性世界。任何事业不进入理性世界就不能健康发展。理论和实践都告诉我们,当今中国的慈善事业要开始注重提高理性思维和理性实践,逐步迈进、实现或达到理性世界。

向理性世界挺进,实现慈善事业理性化,就要全面提升慈善方面的社会实践活动质量。慈善家是慈善事业的经济源泉,提高慈善家们慈善行为的主观意识,是慈善事业走向理性世界的首要任务。要让自愿无条件的付出成为慈善家们或所有慈善捐赠者的唯一动机。动机好效果必然好。如果慈善捐赠中掺杂着许多私心杂念,计算得失,那就一定会将慈善引向歧途。提高慈善工作者的思想水平与业务能力,是使慈善事业迈进理性世界的又一决定因素。尤其是要提高慈善组织领导者们思想水平和业务能力。要把真正思想端正又有业务能力的人选到慈善组织领导岗位上来,不能搞任人唯亲,更不能只看级别,而忽视了其实际能力和思想水平。慈善工作也是硬任务,慈善组织不是杂货铺,什么人都能当领导。我们一定要下大力气搞好慈善工作者的专业队伍建设,它是慈善事业发展的基础工程,万万不可松懈。

向理性世界挺进,实现慈善事业理性化,必须搞好慈善事业的意识形态建设。意识形态建设要理论先行,一定要加强和注重慈善事业的理论研究和探讨,用科学的理论指导实践,可以减少盲目性,减少走弯路、走错路。加大慈善宣传力度是搞好慈善意识形态建设的重要措施。一定要把慈善宣传做大做好,要用先进的慈善理论文化武装人、引导人。宣传不能只是喊口号。慈善宣传也要提高质量,提高宣传者的政治思想觉悟,做到不该讲的不讲,不该说的不说,不能搞盲目宣传、过火宣传,不能成为个别不良企图者的吹鼓手,更不能搞有害国家民族形象的宣传。提高宣传人员和宣传领导者的水平是当务之急,绝不能让既不懂政治理论,又不懂慈善业务,只有一个空架子的人担任慈善宣传的领导者。要努力培养和造就一批合格的慈善事业宣传人才。

向理性世界挺进,实现慈善事业的理性化,就要不断地同各种假慈善做斗争，坚决消除假慈善。实践证明，在当前的慈善活动中，形形色色的假慈善有之，借慈善之名行炒作之实的，推销商品的，以慈善项目为名招揽生意的……有的对所谓的慈善项目吹得神乎其神，就像卖保健品一样，是假慈善，是挂羊头卖狗肉。假慈善对慈善事业危害极大，与理性慈善、科学慈善相对立，我们不能容其存在。我们一定要识别和揭露假慈善，使其成为过街老鼠，人人喊打。

向理性世界挺进，实现慈善事业理性化，还要在慈善界适当开展批评与自我批评。任何人、任何单位、任何事物在其成长过程中都会有缺点和不足，慈善事业也是一样的。发现和克服各种事物的缺点和问题并治之，才能保证其机体健康。我们不能怕批评，正确的东西是批不倒的，只能越批越好。一个没有批评、不敢接受批评的事物是很危险的，是要走向歧途和消亡的。当然，我们对于恶意的攻击同样不能容忍，也要拿起法律武器维护应有的权利。

加强法律法规建设是挺进理性世界，实现慈善事业理性化的制度保证。我们必须用法律法规规范全社会的慈善行为，必须自觉地遵守现有的慈善法律法规，坚定不移地依法依规动作。在法规建设方面，各地方也应根据自己的实际情况积极出台有关地方规定。各有关慈善组织也要积极制定自己内部的规章制度。全国慈善界都要努力实现慈善动作规范化。

总之，中国慈善事业已经蓬勃发展起来了，我们一定要千方百计地推动这一事业迅速而健康地发展，推动其不断地实现理性化，使其走进理性世界。

第四篇　以红旗渠精神促市县慈善事业发展

早在20世纪五六十年代，河南省林州市人民创造了举世闻名的人工天河红旗渠，引漳入林，从根本上改变了当地自然生态面貌，保证了工农业生产的大发展。这一壮举，也给全国人民乃至人类社会创造了一座伟大的物质遗产和永不磨灭的精神丰碑。然而，今天林州慈善人士又以红旗渠精神创造了一个慈善品牌，不愧为全国慈善界的学习榜样。

据悉，自 2010 年林州市慈善总会成立以来，在市委、市政府的支持下，工作业绩显著，累计募捐款物 1.39 亿元，向困难对象发放救助款物 1.25 亿元，受益人数达 29.6 万人。有义工队伍一万五千人。现在，林州从城市到乡村、从社区到村屯、从机关到企业、从学校到医院都有慈善组织，都有浓厚的慈善氛围和积极的慈善活动。"我慈善，我高兴，我捐款，我快乐"蔚然成风。在慈善事业上可以说是人人参与、形式多样、各有特色、效果显著。林州的社会风清气正，是一个慈善的社会、和谐的社会。

林州市的慈善业绩与红旗渠精神有着必然的联系。林州市原名林县。早年，饱经自然奴役而不屈的林州百姓，在创造了伟大世界奇迹的同时，也创造了勇于奋斗、团结奉献、勤劳智慧的林州精神，百万林州人民为今天慈善事业的发展提供了良好的社会基础。以市人大常委会主任、市慈善总会会长翟建周为首的慈善总会一班人在林州土生土长，是红旗渠英雄人民的后代，喝着红旗渠水长大，骨子里流淌着红旗渠精神。不然，他们怎能用短短四年时间，就创造了惊人的慈善业绩呢！我们从翟建周等慈善总会人员的工作热情和干劲中，对慈善事业的执着里，仿佛也看到了当年林州人民建设红旗渠的影子。林州市的慈善事业是红旗渠精神的结果和表现。

理论和实践都告诉我们，中国市县慈善事业发展需要红旗渠精神。市县慈善事业是中国慈善事业的前沿和基础。大家知道，无论从人口分布、社会形态状况和需要救助的社会对象来看，都应当积极抓好市县的慈善事业。抓好市县慈善工作，对于社会主义和谐社会建设十分重要。市县慈善事业发展又是一个方方面面的系统工程，全民工程，更需要群众性、开创性。红旗渠就是一个伟大的群众性、开创性的社会公益工程，它是林州人民用难以想象的勇敢、奉献精神，创造出的一条人人受益的幸福渠。如果我们各地慈善会都能以红旗渠精神为武器，用林州人建设红旗渠的精神来开创自己的慈善事业，国家的慈善事业就一定能轰轰烈烈地开展起来，也一定能创造出可喜的业绩。

不是所有的历史都能走进现实，能够走进现实的历史必然能够给我们带来巨大的社会公益。把红旗渠精神引入我们现实的市县慈善事业中来是非常必要的、不可多得的。它也一定能够产生巨大的不可估量的社会效益的。

第五篇　要在全国推广绍兴慈善模式

今天，《慈善公益报》刊发了关于绍兴慈善模式的长篇报道，这是一个好经验，值得大力宣传和推广。

中国现代慈善事业已有二十多年的历史，现在应当而且事实上也开始由感性世界向理性世界挺进。我们需要深度总结实践经验，再将经验上升到理论层面，用理论去指导实践，从而达到从个别的实践经验中，找出适合中国国情的、适合各地发展需要的可供效仿的模式。这是当前中国慈善事业发展中的一个非常迫切的任务。绍兴模式的诞生为我们提供了这一方面的尝试。

据了解，绍兴市发展现代慈善事业也有近二十年历史。二十年来尤其是近几年来慈善事业突飞猛进，各个方面都取得了优异的领先于全国的成绩。2014年有关专家、学者就开始研究绍兴慈善模式，在2014年中国深圳慈展会上，有关部门把绍兴的慈善运作方式誉为中国式绍兴慈善模式。近日经我们调查研究后，又把绍兴慈善模式归结为四句话，二十四个字。即"民族文化启迪，百姓广泛参与，传统现代结合，多种善行并举"我们为这个模式的诞生叫好，同时赞成绍兴慈善模式即为中国式慈善模式的观点。我们可以肯定，绍兴慈善模式可以作为我们要寻找的带有一般性的、适合各地的慈善事业的发展模式。

绍兴慈善模式告诉我们，在其模式中有两个显著特点。第一，民族文化启迪。绍兴市慈善总会把中华民族传统文化作为了唤醒和增加民众慈善意识，推动慈善事业的思想武器，或者叫作思想启动器。理论和实践都证明，慈善事业的发展不能没有文化思想作为实践的基础。中国的慈善事业必须首先把中国的慈善思想文化作为慈善行为的基础。绍兴的慈善事业把这一点，也就是把挖掘当地的慈善文化作为首选，来促进实际工作开展的这一模式非常鲜明正确。第二，在捐赠方式上，采取传统与现代相结合。尤其重视发展传统的民间点对点直接慈善援助。而且这一点已在价值捐赠量上同现代方式相当。现代慈善事业的发展也应当鼓励和支持传统的民间慈善捐赠方式的复兴与发展，它有利于挖掘社会慈善资源，节约慈善活动成本，增进社区中人们的友爱,有利于和谐社会建设。

评价一个市县或一个地区性慈善组织的业绩,不仅要看它自身的募捐量,还应当看它所在区域的整个社会各种形式的捐赠量。随着慈善事业的发展,我们应当重点鼓励和支持传统慈善捐赠方式,使慈善进一步民间化、平民化,从而达到人人慈善,全民慈善。这是我们应当提倡的,也是中国慈善事业发展的一种趋势。

绍兴慈善模式可以走出绍兴,可以走进全国各地广大市县。虽然绍兴有着不同于全国其他地方的人文、经济、社会基础,但它不影响其模式的可复制性。其他地方也是可以学习的、拿来的。中华民族的传统文化是相通的,是可以共享。尽管各地人们的风俗有所不同,人们的文化底蕴不同,但是人之初性本善的本质是一样的。尽管各地的经济发展状况存在差异,而慈善资源同样是多样化的,潜力都是巨大的。慈善在不同的社会历史阶段和不同经济状态下都是可以开展的。绍兴市能够做到的,其他地方也是可以做到的。绍兴慈善模式有着浓厚的中国民族特色。也正是因为这一点,我们把绍兴慈善模式称为中国式市县慈善模式。

找到一种模式,从而使用这种模式来运作我们的慈善事业,这是当前中国慈善事业发展的一大成果,也为慈善事业发展找到了一个助推器。

第三编　慈善时事评论（二）

第一篇　要用平常心态对待慈善中的问题

众所周知，2011 年中国慈善界曝出影响较大的负面事件，减弱了一些人的慈善热情，致使有些慈善组织个人捐款数量下降，公信力受到了挑战。因此，如何看待和处理慈善事业发展中出现的问题，将是影响中国慈善事业发展的重要因素。

任何事物都有两个或多个不同方面，哲学的对立统一规律是普通存在的。我们必须承认，慈善事业也与其他事业一样，在高速发展的同时必然会出现这样或那样的问题。我们必须用平常心看待和处理这些问题。中国现代慈善事业起步较晚，官方接纳慈善事物、支持慈善事业的发展也只是改革开放以来的事情。我们还必须看到，现代慈善事业也同许多现代事业一样存在着管理经验不足，技术手段落后，人才缺乏、法规缺失等问题。再加上传统慈善与现代慈善有着显著区别，前者一般是捐赠者和受捐者直接进行，后者由于在时间和空间上的扩大，往往捐赠者与受捐者分离，只有通过中介组织和若干程序才能实现慈善行为。公益慈善程序多、人员复杂，怎能保证不出现一点纰漏呢。

我们提倡社会积极地对慈善组织及其行为进行监督和批评，以保证其健康发展。慈善组织也应该严格自律并积极接受监督和批评。但是，我们也应当提倡用正确的、恰当适度的方式方法进行批评。不应把一个根本不存在的事实吵得沸沸扬扬，没完没了，使慈善组织的公信力受到了不应有的损伤。对于确实存在的问题也要坚持实事求是，有一说一，有二说二，不能听风就是雨，眉毛胡子一把抓，甚至夸大其词。然而，有的主流媒体却不顾客观事实和新闻职业道德，对不良舆论推波助澜，忘记了媒体的社会责任和中央对媒体的导向要求。对此，我们不能不说这些行为在心态上是有问题的。更让人不可理解的是，个别同志用极其微量的连续不断的捐款方式嘲弄慈善组织，这也是一种不正常的心态行为。

社会不但应当用包容的心态去对待慈善组织，也应当用包容和宽容的心态去对待慈善人物。当前那些勇于奉献的慈善人物是我们最可爱的人。广大媒体人不应该对有的慈善人物的行为指指点点，甚至去挖掘其所谓的问题，刺痛慈善者的慈爱的心。对于有的慈善人物来说，不管他怎样做慈善，他毕竟付出了，如果因此而受到打击是万万不应该的。慈善的本质是付出，形式不主要。捐款是硬道理，即使他是个死刑犯，捐出了自己的财产和遗产，也应受到适当的尊重。那些恶意叫板的人，应该先说一说自己付出了多少。

问题总是和解决问题的手段同时产生的。当前人们普遍认为，慈善的生命力在于公信力，公信力在于透明。因此，为了加强慈善组织的公信力，最近国家民政部已经做出了一系列的慈善组织信息公开的规定和举措，广大慈善组织也正在积极落实。但是，由于技术手段等诸多方面的问题，要达到信息公开的理想目标还要有一个时间和过程。虽然这样，我们仍非常希望社会各界人士要充分相信慈善组织，积极捐赠，奉献爱心。大家必须坚信，捐赠信息透明度达到人们期盼的目标不会太远。

慈善事业是全社会的事业，是一个普惠全民、功德无量的事业。我们每一个人都应当用正确的心态去关心它、支持它，让它更加健康地发展壮大。

第二篇　一分钱捐赠是恶行

当前，人们的慈善捐赠热情日益高涨，这是不争的事实。然而，在大好形势下我们也不能不看到，中国的慈善环境还有待改善，尤其对于错误的慈善思维和所谓的慈善行为要提高认识，并坚决彻底地予以消除，以保证现代慈善事业的健康发展。

大家知道，近日有媒体曝出重庆市慈善总会收到了一分钱捐款，而且在其他一些地方也出现了连续捐赠一分钱的问题。对于这一捐赠行为引起了社会各种不同的评价。有的认为是捐赠者在搞恶作剧，有的认为是捐赠者对慈善组织进行信用测试，还有的认为这是郭美美事件后，人们对慈善组织怀疑滋生的一种行为。我们认为，无论如何这一分钱捐赠是恶行，而非善行，必须揭露、批评并杜绝此类事情再发生。

我们说一分钱捐赠是恶行，首先应当确认其捐赠的主观是恶意，是纯心恶搞，以此愚弄慈善组织。即使他确实是为了测试慈善组织的诚信，也不是什么善意。如果不是这样，其真实目的是想做慈善，那他在获得了慈善组织收到一分钱的捐款信息后，就应该站出来说明自己的真实目的，还应继续做出令人满意的捐赠。他这种匿名而不说的行为足可以证明，他的行为是恶意的，是不可告人的。

我们说一分钱捐赠是恶行，还在于这种捐赠不会给任何受捐主体和社会慈善事业带来救助效果，是一种无效行为。大家知道，一分钱的价值量是多少，能解决什么问题？这是一个非常浅显的道理。我们有把握地说，如今一分钱就是送给一个乞丐也是难以实现对接的。把一分钱捐给慈善组织不行，直接捐给个人也不行。还有，慈善组织对于捐赠受理也是需要成本的。慈善组织工作者为他的一分钱捐赠付出的管理费用要大大高于他捐款的数额。我们可以计算一下，抛开物资消耗不说，仅用于他这一分钱的管理劳务支出的工资，至少要 1.5 元（开收据入账 5 分钟时间乘以 0.3 元工资），是他捐款的 150 倍。真正的爱心捐赠是既不要回报，又要给他人带来益处。给他人和社会带来益处是慈善捐赠的底线，像这种一分钱捐赠行为不但没有给慈善带来益处，反而造成了麻烦，这难道还是善举吗？

我们说一分钱捐赠是恶行，还在于这种行为对社会慈善环境不利。慈善事业发展必须有良好的慈善环境。任何一种捐赠都应当是积极向上的，是值得宣传和人们尊敬的，也应当是值得他人效仿的。现在，由于一些媒体不当炒作，使我们的慈善环境出现了好多不良问题。一分钱捐赠虽然不普遍，也不能不看到它对慈善事业的反作用。如果，一分钱捐赠行为被容忍，甚至认为它是善行，从而造成更多的人效仿。你今天给这个慈善组织捐一分，他明天给那个慈善组织捐一分，或者一个人拿出几元钱捐给几百个慈善组织，那将是一种什么局面。实践也证明了这一问题的可能性。根据有关资料显示，福建某慈善会从2008年起账户经常收到数额为一分钱的捐款，2009年四五月份一分或一角的捐款有三四百笔；又据报道，郭美美事件后，青海某慈善会也出现了一分钱捐款。即使我们对以上行为不认为是恶行，但也绝不能说他们是善举。至少这是不应当提倡的。所以，一分钱捐赠对慈善环境影响问题不能忽视。

我们一定要对一分钱捐赠行为说不。首先要在舆论宣传上旗帜鲜明地批评和揭露这种行为的本质及其不良的社会后果。同时，还要在制度层面上不予支持，反对或惩治这种不良行为，甚至对于恶意践行者绳之以法。绝不能让那些打着慈善旗号，行搅乱慈善事业秩序的人逍遥法外。要让全社会广大人民群众都真正地认识这种错误行为的严重性和对慈善事业的破坏性，彻底消除不良的慈善行为，保证慈善事业的良好环境。做到实实在在地行善，真真实实地捐赠。

第三篇 不当的慈善行为要禁止

近些年来，各地发生了许多围绕着救猫、救狗等志愿者爱心活动而产生的事件。《慈善公益报》转发了《中国青年报》刊载的《志愿者拦车救狗后留巨债，慈善热血惹麻烦》的报道，很值得大家深思和评判。

人们爱护动物、保护动物的意识是好的，是应当提倡的。但是，任何超出法律、法规允许的范围进行的慈善行为都是错误的。法律是社会行为的最高准则，是社会意志的集中表现；社会上运狗也好，杀狗也罢，只要是合法、合规的就应当受到保护，任何人不管其主观目的如何都不得干扰破坏。那种与法律相悖，并给他人的合法行为带来损害的行为，不能认为是慈善行为，不应提倡和支持。

我们提倡社会爱心，提倡人人慈善，但不能支持不符合人类正常伦理道德的偏激慈善。动物作为人类的食物链，合理的猎杀、食用是无可非议的。用个人的极端想象对动物产生的某种宗教式的爱心，去强加给别人或社会是不对的。这种放大了的、绝对化的保护和爱护动物的形而上学的做法，也是不符合国家对动物保护的基本思想和政策的。这与国际惯例也是对立的。

当前,不当的保护动物的慈善行为,不但给个人和有关单位造成了损失,而且也给社会造成了极大麻烦,有的地方因此而出动了大批警力维护秩序,有的因此造成了交通混乱,干扰了社会正常生产、生活。所以,我们务必充分提高认识,坚决禁止不当的慈善行为。对于因此而产生的一切后果,必须由责任人承担,以保障公民的合法权益,维护法律的尊严,保障慈善事业健康发展。

第四篇　坚决整治假慈善

中国慈善事业正在健康发展,形势越来越好。然而,同其他事业一样,慈善事业在大发展过程中,也一定会出现这样或那样的问题。当前假慈善是中国慈善事业中的又一负面问题。重视假慈善,整治假慈善行为,是目前搞好慈善事业建设的又一重要任务。我们必须尽快行动起来,采取有效措施解决这一问题。

假慈善对慈善事业的危害极大。慈善的公信力和信任度是决定人们行善施舍积极性的重要因素。假慈善行为虽然是个别的,其破坏性是不可估量的。俗话说,一朝被蛇咬十年怕井绳;一粒老鼠屎坏了一锅粥。假慈善借慈善之名达自己敛财目的,或者披着慈善的外衣,行骗取社会名誉和敛财勾当,不但严重损害了慈善事业的天然形象,也大大挫伤了群众的慈善热情,影响慈善事业发展。所以,假慈善对慈善事业的危害与其他有关慈善事业中的不良问题相比,有过之而无不及,是慈善事业的大忌、大敌,我们必须把它当成一匹混入慈善事业中的害群之马、一只蹿入羊群里的恶狼,坚决的围之、捕之、杀之。

从近期曝出的几宗假慈善案例或疑为假慈善的案例来看,都有一个共同特点,那就是拉大旗、说大话、办大事。大家知道,自2013年的郭某事件,到今年央视315晚会反映的中华爱眼工程行骗问题,再到日前的中华某会的捐赠问题,都证明了这一点。那些被疑似假慈善活动的主办方,都打着中华、中国的大名头,在大名头之下都有几十上百个中国或者世界名人、政要挂着各种头衔，所开展的活动不是全球性、世界性的，就是全国性的。并且总是在类似人民大会堂这样的大场所搞活动。他们更善于利用媒体打造声势，扩大影响，以此来迷惑广大群众，达到他们的欺诈目的，从而大把大把地捞取社会财富，掠取百姓的血汗钱。

要整治假慈善，首先要严格清理和整治那些在境外注册、内地活动的所谓落地、离岸社团。实践证明，现在出现的一些假慈善问题主要是这类组织所为。一些别有用心的人，针对内地人的善意心理和观念，钻法律空子，到境外花几个小钱注册个大帽子有限公司，然后便掐去了尾巴，拿到内地进行招摇撞骗；有的还用变通手法在内地注册个办事处、合伙企业，以此开展业务；有的拉些名人、退休领导做掩护开展非法活动。他们为了混淆视听，还专门在境外注册了与内地全国性社团名称近似的社团组织。据介绍，光与国家一级协会名称类似的就有几十家。这些组织在内地大搞会议经济、发牌评奖经济、慈善公益工程等。国家各级政府必须重视这一现象，拿出措施予以整治。

要整治假慈善，规范社会慈善活动，还要对国内社团们的慈善活动加强管理。之前已经曝出有的社团打着慈善或公益的旗号，开展各种评选、评奖活动，实质是卖奖、卖牌。这些行为也严重地损害了慈善事业的形象。如果我们不加以整治必定会影响慈善事业的健康发展。所以，政府及有关部门应当尽快规范社团等组织进行慈善公益活动的规则，以保证社团的慈善公益活动正常开展。

要整治假慈善，除了各级政府部门要采取切实有效的行政措施外，各级政法机关也要采取有效的司法惩治。我们不能不看到，某些假慈善也是一种犯罪活动，对于涉嫌犯罪的假慈善一定要依法打击。一定要让那些造假行骗者付出应有的代价和成本。这样既达到了惩恶，也能对其他意欲效仿者起到震慑作用，会大大防止类似现象发生。同时，还要充分发挥媒体的监督作用。广大新闻媒体要坚持对社会负责，对慈善公益事业负责的立场，对于一切假慈善勇敢地揭露曝光，及时给群众真相，防止人们上当受骗。

只要社会各界一致行动，对于假慈善人人喊打、人人来打，过街的"老鼠"就一定没有生存的条件，我们的慈善事业就一定会纯洁无瑕。

第四编　公益时事评论

第一篇　信息扶贫好

最近，有人提出开展信息扶贫工程，这件事听起来首先感到很新鲜，再进一步咀嚼，会发现它有着极其重要的实际意义和深远的社会效益。

大家知道，要使中国一部分仍处于贫困中的乡村摆脱贫困，走上富裕之路，是当前中国政府一项极其重要的任务。多年来，政府和社会各行各业都为一些农村尽快脱贫致富采取了许多行之有效的办法，涌现出许许多多的扶贫工程。然而，继续研究和探索新的行之有效或高效、经济的办法也是完全必要的、迫切的。

贫困的直接表现是在经济问题上。所以，一般扶贫办法都是给钱、给物。一些贫困农民也习惯于伸手要钱、坐家等钱。毫无疑问，用给钱给物的办法扶贫，确是最直接最有效的办法。但是，它只治标而不治本。治病治本，扶贫也要扶本。一些贫困地区之所以长期贫困，其重要原因是缺少信息，文化落后，思想僵化，不懂也不会搞商品生产，总是维持自然经济，小农生产方式的思维与实践。许多实践都说明，在同一个自然和社会条件下，由于文化和思维水平不同，其经济发展水平也不同。改革开放以来，广东与江浙一带乡镇经济发展快，一个根本的原因是那里的农民文化基础好，传统的经商意识浓。实践也证明，单纯用输血的办法是解救不了贫困的。一些农民连最起码的市场知识都没有，对外界信息知之甚少，若让他们去经商办企业，后果是可想而知的。治贫治本，本治好了就等于恢复和增强了人的造血功能。即使我们不给他们输血，他们也会用调动自己内在的优势和潜能恢复健康，不给钱和物也能由贫变富。否则，就是给了钱和物也会被稀里糊涂地糟蹋掉。这些例子举不胜举。

开展信息扶贫工程，用信息打开那些封闭了的僵化头脑，改变人们旧有的思维方式，增加科学知识、企业管理知识，与社会大市场沟通，可以从根本上解决脱贫致富的内在资源，即能转化为财富。信息扶贫的方式和方法是很多的。例如，在农民中广泛开展信息重要性的宣传，提高信息意识；大力普及商品经济和市场经济知识，掌握或提高商品生产和交换的能力；学习怎样适应市场经济和提高参与市场竞争的能力；送信息下乡，开办各种培训学校，建立信息工作站等。信息扶贫是个软任务，不是一朝一夕就能奏效的，在这方面要有耐力。总之，经过长时间的扎扎实实地工作，一定能收到良好的效果。

信息扶贫不同于科技扶贫，科技扶贫也不能代替信息扶贫。实行科技扶贫固然是正确的、有效的。但是单纯的靠科技扶贫也是不行的。市场经济不同于自然经济，它不仅仅是怎么生产，更重要的是生产什么，生产多少，怎么销售的问题。市场经济的规律是卖难，有了产品不一定就能变成商品，获得价值实现。只有把产品卖出去，生产才算成功。技术是市场经济中获得成功的手段之一。因此，应当说信息与技术同等重要。也应当说，在信息扶贫里面包含着科技内容，信息里面也有科技信息。

搞好信息扶贫，信息服务界要冲在前面。各类信息服务部门应当积极组织开展信息扶贫工作，为市场经济建设办一件实事、好事。我们衷心地希望那些提出并拟定了信息扶贫工程计划的单位能够积极工作，力获成功，以带动中国信息扶贫工程的蓬勃兴起。

第二篇　环境保护要从娃娃抓起

大家知道，人类为了生存和生活的需要，在创造日益增多的物质资料的同时，也创造了与之相对应的环境污染等社会和自然问题。当前环境污染使人类生存的自然条件日益恶化。所以，保护环境已经是21世纪全人类最迫切、最重要、最艰巨的任务。

近些年北京的环境污染比较严重。为了还首都一片蓝天、净土，近年以来北京市政府痛下决心，采取了一系列强制性措施，收到了良好的效果。日前，《今日信息报》刊发了"北京市海淀区翠微小学关于保护环境问题的倡议书""东城区地坛小学关于不吃街头烧烤的呼吁"等报道，受到了读者们的好评。有些读者还给报社打来电话，对于上面的报道给予赞扬。

我们认为，北京市孩子们的行为不仅仅是一般的环境保护行为，这给予我们一个很大的启示：环境保护应该从娃娃抓起。因为环境污染是人的不正确行为所致，环境污染问题不是一朝一夕、一时一事能解决，而是一个长期的、复杂的社会工程。只有让人们从小就树立一个良好的环境意识，才能有利于环境的保护和治理。

说环境保护要从娃娃抓起，主要是培养孩子们的环境保护意识。加强孩子们的环境保护教育，应由社会、家庭共同承担。社会的责任主要在学校，在学校的课堂上和书本里。所以，我们的小学教育包括幼儿教育，要努力增加课堂上、书本里的环保内容。同时，还可以开展校外实践教学，参观各种环保教育基地，让孩子们亲身感受环境保护的重要性。家庭的培养主要是通过家长们的日常言语的提醒和灌输，而最重要的是以身作则。比如要在孩子们面前正确处理家庭生活垃圾，外出游玩不乱扔杂物、果皮，不随地吐痰等。

环境保护问题也是一个公共意识和社会道德问题。让孩子们树立良好的环境意识，必须克服只顾自己不顾他人的自私自利的思想观念，不能只是就环保说环保。所以，在孩子们环境保护教育中，还要注重思想品德与人格的培养教化。在这方面就要适当地开发和加大中国传统文化教育，尤其要加大古代教育中有关人的行为方面的学说传授，学会做人的基本问题的教育和引导。

只要我们人人注意环境问题，并积极从娃娃抓起，环境一定会好转，大家共同生活的城市、国家、地球就一定更美好，会逐渐向着原始自然生态回归。

第三篇　我们的孩子缺少什么营养

孩子，是一个多么可爱的词儿。因为在它里面饱含着人们的骨肉之情，蕴藏着社会生产力的延续，寄托着人类未来的希望。让孩子们都能健康地成长，这是我们的共同愿望。

要使孩子们健康成长，首先必须给予充分正确的营养。这营养一方面是保证其自然生长发育的各种物质。另一方面是确立其作为人的属性发展所需要的各种精神食粮。精心扶持幼小是人类世世代代的传统，尤其近些年来，在中国随着计划生育工作的开展，独生子女的增多，孩子们的地位异常提高，扶幼的力度也加大了。作为孩子们的家长，不但千方百计地让孩子们吃好穿好，还千方百计地让孩子们学习好，学习成为孩子们一副最沉重的担子。许多家长为了孩子们的健康和学习，真是竭尽全力、绞尽脑汁，这是不言而喻的。但是，我们许多家长却忽视了孩子们作为人的属性发展所必需的"营养"。

实践证明，当前对于许多孩子来说，迫切需要追加的不是物质方面的营养，也不是一般性的文化知识。孩子们缺少的营养是这样两种东西，一是自立自强的精神；二是社会公共意识。这是目前被人们忽视了的十分重要的营养。人是社会的动物，他不但要有健康的身躯、良好的生产与生活技能，还应有一个良好的世界观、人生观、价值观。要有一个正确的对待和处理人际关系、社会关系的意识和行为。这是做人的基本要求，也是人的属性的内涵。现在的孩子普遍存在着自立自强精神差、依赖思想严重，尤其缺乏艰苦奋斗精神，公共意识淡薄，助人为乐表现不足等。这已是社会公认的事实。

孩子们缺少自立自强的精神，公共意识淡薄，比缺乏物质营养和其他文化营养更可怕。缺少自立自强是人的意志问题，缺少社会公共意识是个道德问题。一个人如果缺少坚强的意志是什么也做不成的。同样，没有一个良好的道德行为也是不能很好地立足于社会的。孩提时期是人的世界观形成的关键期，要想使孩子们都能成为社会有用之材，就必须从小抓起，搞好两抓，即抓好自立自强的精神教育；抓好社会公共道德以及其他德育方面的培养和训练。

对于儿童方面的教育，不能仅仅依靠社会，依靠学校和教师，家庭的教育更重要。应当说，家庭是课堂，父母是老师。孩子们天真幼稚，大部分时间是同父母在一起，父母的言语行为会给他打上很深的烙印，天长日久就会由感性认识变为理性认识。所以，家长们一定要注意对孩子加强勤俭自立、社会品德基本素质教育的投入。另一方面，要用自己良好的日常言行影响孩子。同时，也应使孩子们尽力去做些力所能及的事情，从小就加强有关方面的锻炼。现今我们一些做父母的确实把孩子当成了小皇帝，娇生惯养，这实质上是害了孩子。真正给孩子们不灭的财富是自立自强、勤俭爱劳的精神和关心他人、乐于助人的良好道德。这才是取之不尽用之不竭的财富。

对于孩子们的世界观方面的教育，要着重弘扬传统思想文化。要尽力增加中国传统优秀的民族思想品德教育。中华民族有许多世界观方面的好思想、好理论、好作品，在这方面我们要本着古为今用，去粗取精的原则，选择适合儿童特点、宜于理解消化的内容和方式进行教育。

孩子们是未来、是希望。社会各界、广大家庭中的父母，都应当积极重视孩子们的"营养"问题，努力地培养出更好的新一代。

第四篇　要依法保护雇工的合法权益

当前，雇工的权益保护是劳动市场中的大问题。随着市场经济的不断发展，三资企业、民营企业、个体工商户的数量及规模日益加大，企业及经营者的雇工数量也在日益增多，一种新型的劳资关系业已形成，并将长期存在下去。所以，如何正确地处理好这种新型的劳资关系，保护好雇工们合法权益，对于促进安定团结，加速市场经济建设具有十分重要的意义。

近些年来，雇工们的合法权益受到侵害的问题屡见不鲜。受害者存在于三资企业中、民营企业中、城乡个体工商户中。较为严重的是那些乡镇中的民营企业，城市中的私人建筑业、加工业，还有矿产业等。被侵害者多为来自广大农村的务工者，俗称农民工。这些人一般文化素质低下，法律知识缺乏，自我保护意识薄弱。据反映，受侵害的现象主要表现有，第一，业主对雇工任意延长劳动时间，用增加劳动时间获取超额利润。有的甚至超出了人的自然极限，一天劳作时间甚至达到了十五六个小时。第二，骗工骗劳。有的业主或包工头，光使用劳动不发工资，故意拖欠薪水或者一跑了之，劳动者无处要钱。第三，极力克扣。如在吃穿用诸方面强行收取不合理的费用，以各种理由扣减工费。第四，人身伤害。雇主指使监工对雇工时常打骂，还不准声张。更严重的是非法拘役，以各种手段将劳动者骗来，然后加以暴力管制，强制劳动，不给报酬。

侵害雇工合法权益的业主或侵害人，多是明知故犯。那些较大规模的民营企业、乡镇企业的老板、经营人是通晓法律和法规的。那些违法使用雇工的私营企业、矿产业的老板与经理人都是明知违法而故意为之，在利益驱使下铤而走险。受侵害者虽然知道自己的权益被侵害，也不得不忍受。比如，对于加班问题，不服就会失去工作；那些严重被侵害利益的农民工面对侵害无力反抗，只能忍气吞声。

在雇工与雇主的关系中，雇工属于弱者。当前国家已经制定了保护雇工合法权益的法律法规。对于劳资关系中弱者一方的保护已经引起了政府的重视。而目前大量的侵害雇工合法权益现象的存在，主要是基层执法不力。有些违法企业的雇主本身就与个别执法者相勾结。所以，当前保护雇工合法权益的主要任务不是立法、普法，而是执法。主要是加大执法力度，改善基层执法环境。一是要加强基层劳动保护执法队伍建设，建立一支由劳动、公安、法院参加的综治办，联合执法，加大执法，严力打击侵害雇工们的违法犯罪行为。二是整顿基层执法队伍，查处不作为乱作为的执法人员，尤其要惩处与不法雇主相勾结，为其提供保护并从中渔利的违法犯罪人员。

我们相信，随着中国劳动力市场方面法制建设的加强和完善、劳动执法队伍建设的加强，雇工的合法权益一定能够得到充分保障。我们也坚信，不久的将来，一定会形成一个更加合法、和谐的新型社会劳资关系。

第五篇　富人喝人奶之举当止

近日网上曝料说，当下在有的经济发展特区，时兴富人喝人奶，更有甚者是直接吸食。有的家政公司还专门为此提供中介服务，谋求暴利。这种事情听后令人震惊。现在，喝人奶事件也引起了社会不同的议论。我们认为，这是一种极其可恶的行径，必须坚决依法制止。

首先，这种行为是对人的尊严的挑战，是对人格的一种污辱。人类社会的发展和进步，一个很重要的标准是人与人之间的关系不断改善和日益趋向平等。一些富人为了追求个人所谓的健康喝人奶，是人的社会关系的退化，是非常腐朽的、落后的，甚至是反人类的做法。这种事情听起来都不能不令人作呕，决不能任其存在或泛滥。

其次，虽然市场经济发展，使很多东西都成为商品，但把人奶变成商品还是极不应当的。从事人奶服务活动的经营也是违法的。我们不管这种中介是个人还是企业，他们经营吸食人奶项目是不会得到政府许可的。我们也肯定地说，吸食人奶的中介服务是严重违法活动，是获取非法收入。各级政府执法部门应当尽快对所谓的中介行为依法打击，绝不允许其存在。

对于那些极尽享乐的富人，以吸人奶为保健的人，也要给予批判和适当处罚。我们不能允许他们用这种行为炫富。我们也要提醒这些人，你们的做法实为耻辱，用这种违反人类伦理的方式来满足个人的某种需求，无论如何都是其人格的缺陷，道德的低下。至于那种寻找容貌姣好的年轻女子直接吸食的，其性质更是不言而喻了，喝奶定是行为中的次项，意在其他。那种认为吸食人奶有利于大病恢复，或有利于健康的宣传，都是立不住的理由。

吸食人奶作为富人的消费行为，对于国家和民族在国际社会中的地位、形象也会造成不利的影响。中国人富起来了，一些人手里余钱多了，应当把它用到适当之处，用到支持社会发展、支持公益慈善事业上，让我们的社会日益和谐文明，民族形象和地位才能更加日益提高。

经济特区作为改革开放的先驱，创造了许多新经验、好经验。但是富人喝人奶的做法不是创新而是创坏。特区不能特在这点上，不能允许富人喝人奶问题的存在。总之，我们必须坚决地制止和批判那种富人喝人奶的所谓保健行为，以保障社会生态的健康。

附录1. 慈善工作情结散文

终身名誉会长

过去和现在都有这种情况，那就是大到一个国家、政党，小到一个企事业单位，出于某种需要而安排或聘请一些名誉职务。它往往根据不同的组织和单位情况而确定其称呼，如名誉主席、会长、主任、顾问、教授等，可谓五花八门。但是不管叫什么，本质上都一样，都只是个名誉，一种荣誉待遇。

在过去的若干年里，我也曾先后被有关单位聘过相关名誉职务，对此，我都不以为然，甚至被遗忘了。去年，我收到了一个终身名誉会长的聘书，却感到无比的高兴和自豪。

2017年11月初，我曾经担任主要负责任人的《慈善公益报》社工作人员，用微信同我讲，林州市慈善总会的领导打来电话询问李社长在哪里，他们会长要来京同我见面。当时我正在澳大利亚堪培拉旅居。于是，我告诉通信人，我本月下旬才能回国。两天后，我又接到了林州市慈善总会元副会长的电话说，经总会研究决定，"聘请李社长为我们慈善总会的终身名誉会长，翟会长到北京了，想把聘书发给你。听说你还在国外，我们先把聘书放到报社，由他们转给你行吗？"我说当然可以，并对他们表示了诚挚的感谢。11月25日我结束了澳洲旅行，回到北京后，报社的同志马上把一个金灿灿的大聘书交给了我，我拿到这个聘书后，感到沉甸甸，心情无比激动，除了高兴还有自豪，认为这是自己有生以来获得的最大、最好的荣誉和收获。

我对这个终身名誉会长感到高兴和自豪，首先源于林州是一个英雄的地方。林州市原名林县，地处太行山脚下，归河南省安阳市管辖，人口百万。早在20世纪五六十年代，林州人民仅凭传统的劳动工具和伟大的智慧，将不可能变为了可能，修建了举世无双的人工天河红旗渠而震撼全国、闻名世界。在半个多世纪的时间里，引漳入林的红旗渠，不但滋润了具有百万人民的林州大地，大大改善了自然生态，促进了工农业生产的发展；还给全国乃至人类世界创造了一个伟大的精神财富和物质文化遗产。红旗渠至今不但继续发挥引水作用，还成了人们学习和观摩的基地，每天都有成千上万的国内外游客到访。而且，林州在建造红旗渠的同时，也造就了千百万个能工巧匠，现在这里又被誉为"建筑之乡"，由林州人组成的建筑队伍遍布全国各地。

另一个让我对这个名誉会长高兴和自豪的原因是，林州市的慈善事业成就非凡。林州慈善与红旗渠一样，是该市又一个品牌。近些年来，在以原市人大常委会主任、慈善总会会长翟建周等人的领导下，发扬红旗渠精神，努力奋斗，使林州的慈善工作各个方面都走到了全国市县的前列，获得了多项业界殊荣和普遍好评。在我任《慈善公益报》社主要负责人期间，曾多次到该市调研和采访他们的慈善业绩，并在《慈善公益报》上进行过系统报道。2014年夏天，报社还在林州市举办了全国市县慈善事业发展培训班，介绍和推广了林州的经验。为了能对慈善事业作出更大贡献，他们还成立了红旗渠慈善研究院，还聘我为名誉院长。记得2014年，林州慈善总会还应邀出席了在日本召开的有关公益慈善国际会议，他们的慈善业绩也产生了一定的国际影响力。

我高兴和自豪还有一个原因是，这个名誉会长是在我退任之后获得的。已是退休之人，无职无权无平台，对人家无任何用处了，还能聘你为终身名誉会长，这多么让人感动啊。我们必须承认，在中国的现实社会中，一般都是现用现交，人走茶凉。林州市慈善总会，能够对我做出这等反常的行为充分证明以下几点，一是这班人的思想正派、为人厚道，与当前的世俗不同。这也是他们能够搞好慈善工作的根源。二是我们之交纯洁无瑕。在过去的那几年里，我们之间的交往纯属为了工作，为了慈善事业，不存在丝毫的个人感情或利益交换。三是他们在我退休后还聘我为终身名誉会长,也是对我多年来在慈善宣传上为社会作出贡献的肯定。林州的慈善业绩既是林州的,也是全国的。实践证明,对林州慈善事业的大力宣传,确实对全国的慈善事业起到了推动的效果。

现在,我已离职二三年了,很想念因慈善宣传报道而去过的那些地方、单位及其相关同志。然而我也更加想念林州,眼前时而会出现林州那些感人的慈善故事,以及那些为此而忙碌的领导、工作人员的形象;也想念红旗渠,每当我回忆起红旗渠的画面和红旗渠展览馆中的生动展示,耳边似乎响起了震撼心灵的钎声,眼前似乎浮现出千军万马战天斗地的场面。我真想找机会再去那里看看,总是因为顾虑重重而没有成行。去年夏天有位朋友,是与我同龄的退休干部,对红旗渠十分敬仰和向往,我承诺要带他去一趟,可是出乎意料的是,年底前他突然被一场急病夺去了生命。这真是终生遗憾呀!我后悔没有帮他实现参观红旗渠的愿望。林州的红旗渠和慈善事业都值得一看,我非常希望大家能挤出些许时间去林州参观他们的红旗渠和慈善事业。这些,尤其对于孩子们的心灵成长很有帮助。

今后,我这个终身名誉会长还能为林州的慈善事业发展做点什么呢?看来已是无能为力了。但也不能不说终身名誉会长这个荣誉,给了我极大的鞭策和鼓舞,因它让我终生与慈善结缘。我决心在有生之年,要密切关注慈善事业,以可能的方式尽力研究和宣传慈善,宣传林州,以此回馈林州市慈善总会。(2018年9月于堪培拉)

不能都是钱

北半球的七月是盛夏,今年中国北方的夏天很热,就连号称冰城的哈尔滨晚上不开空调也难入睡。炎热的天气也催熟了各种瓜果、蔬菜,让人大饱口福。经过了几天的忙碌,哈尔滨的日程总算结束了,七日早晨天气晴朗,我与夫人雨冰驾驶汽车离开了哈市。汽车沿京哈高速经吉林省四平市,顺利到达了辽宁省沈阳市。开始了辽东半岛绕渤海湾的旅行。

在大连市北部与营口市接壤的地方,有一个百万人口的县级市——瓦房店,归大连市管辖。瓦房店是著名的轴承之都,它的慈善事业也搞得有声有色，尤其慈善文化业绩突出，他们创作的大型辽剧慈善剧《圆谎》很有影响力。在我时任《慈善公益报》社主要负责人时，曾多次到过该市对其慈善业绩进行过调研和采访，因此也与原市人大主任，现慈善总会会长阎世忠等一班人结下了友谊。他们的事绩尤其阎会长本人的工作表现深深地感动着我，自打离开《慈善公益报》社后，就一直惦记着找机会再去那里看看。

当我在沈阳逗留期间，对于是否借此次辽东自驾游之机，顺便也到瓦房店市慈善总会看看很是纠结。一方面，很想去。说实在的，在近四年多《慈善公益报》社的工作实践中，我对慈善事业产生了浓厚的感情，退休后也对其十分眷恋，总想能再为慈善意识建设做点什么，也很想念由慈善宣传工作而结识的朋友。见见阎会长等人也是我非常期待的。另一方面，又很有顾虑。主要是怕给人家带来麻烦、负担。即使不让人家花钱、费时，也很有可能使人家难堪。所以，思前想后还是决定不去好。

在辽东沿海游动身前，沈阳的朋友向我们推荐了一个海边小鱼村。出发那天早晨，沈阳下起了大雨，汽车上路后雨刷器开到最高档还觉得不够用，即使这样，我们仍然坚持前行。按照导航指引由沈大高速再入沿海大道，只几个小时就到了目的地，找到了事先预订的客栈，入住后开始了游览。啊！这个地方山青水绿，名曰龙王庙村，坐落在渤海湾东岸，沿海大道从村中穿过，岸边渔船云集，海产丰富，出售海鲜的商铺到处都是。尤其海岸沙滩呈月牙形，与岸边的建筑融为一体，十分美丽。然而令我意外的是，这里已属瓦房店地界，距市区还有五十公里，这又让我燃起了访问市慈善总会的欲望。于是我对夫人说，都到阎会长的家门口了，不进去见见老朋友们也太遗憾了。要不咱们事先不联系，明天上午直接开车去他们办公室，谁在见谁，顶多吃顿午餐，没有太大的破费。夫人理解我的心情，同意了我的方案。

第二天我们吃过早餐后，怀着愉快的心情，开车上路，奔向了瓦房店市区。由龙王庙村到瓦房店市区是条美丽的沿海公路，一边是大海，一边是山林，风景特别好。当车走了十几公里后，我又忽然想起了另一个深层的问题，自己已经退休了，再到相关单位活动恐怕对人家不利，有可能给他们以后的某种工作造成障碍。想到这里，我马上决定调转车头不再前行，并向夫人说明了自己的想法。

令我们惊喜的是，车头调转后发现，公路右边正好有一片香瓜地，一男一女正在地里采摘，地头上已摆放好大一堆香瓜。这也太诱人了！夫人高兴得不得了。我们马上把车停在路边急忙走了进去。两位瓜农对我们非常友好客气，不但热情地招呼我们，男主人还拿起了两个香瓜在水盆里洗了洗，然后用衣角擦了擦，执意送给我们品尝。夫人马上说："谢谢您了，我们很想自己到地里采摘几个来吃，找找童年的感觉，这样可能更有味道。"他们不但欣然同意了，女主人还拿起了两个塑料袋同我们一起走进瓜地，为我们提供帮助，此时的心情就别说有多好了，不一会儿就采满了两袋，走出了瓜地。当我们提出交钱离开时，二位瓜农一致表示不要钱，拿去吃吧。我们坚持要付钱，夫人还从衣袋里拿出了钱包取出些许现金，试图交给他们，可是他们依然不肯收。男主人非常坚定地说："不能都是钱，说不收就是不收，俗话说青瓜裂枣人见人咬，你们远道而来，路过这里吃几个瓜还要什么钱呢。"看来他们确实打心里不想收钱，无奈，我们只能说声谢谢离开了。

返程的路上我对夫人说，瓦房店不愧慈善事业的模范之地，这里的百姓多么淳朴善良啊，这就是他们慈善事业发展的基础。我今天虽然没有走到市里实现我此行的初衷，但却在思想认识上得到了收获，还得到了一份用钱无法衡量的礼物。这些香瓜就当是两位瓜农，代表慈善总会和阎会长送给我们的礼物吧！我们一定要慢慢地、细细地品尝它。（2018年9月于堪培拉）

老叶之邀

老叶，名称叶和土，他的年龄比我还大一些，我就习惯地称他为老叶。据说，老叶早年在浙江省绍兴市某新闻单位工作，退休后到上虞市慈善总会帮忙搞宣传。

我在2012年至2015年担任《慈善公益报》社主要负责人期间，他经常给本报供稿，报道当地的慈善事业发展成就，所以我对他的名字很熟悉。上虞原为绍兴市的一个区，现改为了绍兴所辖的县级市。2015年6月，我去绍兴市采访慈善发展模式时，经市慈善总会安排，也到上虞采访了慈善扶贫工程，同老叶见过一面。在他陪同我们采访的过程中我们又有了进一步接触。后来，老叶又邀请我再去上虞，继续考察他们的慈善扶贫开发工作并参加有关农业成果的展示活动。然而，总是因为工作原因未能成行。2015年10月上级决定让我退休，不再担任报社社长和总编辑了。老叶知道了这个消息后还有点疑惑，因为在他的印象中我还很年轻，还不到退休的年龄。这是他给报社一位有关负责人打电话询问我的有关情况时表示的。他还嘱托那位同志一定向我转告他的话，"李社长虽然离岗了，但无论如何也要请他再来上虞一趟"。我听到了这个消息后真的好受感动。

说句心里话，在近四年的《慈善公益报》工作过程中，使我对慈善宣传事业由不认识到认识，由认识到热爱。这主要是来源于慈善事业的感染力，和这种事业发展对于宣传工作的需要。慈善事业是绝对需要发展和推崇的，而慈善宣传则是这一事业的推动器。我真想在有限的工作时光内，励精图治，不余遗力地办好《慈善公益报》，为推动中国的慈善事业发展贡献力量。正当我经过了艰苦努力使报社完成了转型时，自己却要离开这个岗，其心情是可想而知的。就在老叶打电话的当晚，我回到家里后，耳边又回响起了老叶对我的邀请和近几天来一些地方慈善组织领导对我的问候，顿觉心酸难忍，情绪失控，竟然一头倒在了床上失声痛哭。这下可惊呆了夫人，让其摸不着头脑，不知所措。她急忙赶到我跟前，一边给我抹眼泪，一边询问我，这是为什么？我哽咽地说："老叶……老叶，上虞的叶和土让我感动了，我都下台了，他今天还邀请我一定去上虞。"夫人听后忽然大悟，她说："原来如此呀，我还以为你因为我明天就要去澳大利亚了，舍不得而大哭呢！"

自从2016年我退休后，也接到了其他有关地方慈善组织的邀请，但我都因害怕给人家添麻烦而不往。但是，我还真的想去趟上虞见见老叶，把我被他感动得大哭的故事讲给他。2017年7月初我购买了一张到上虞的高铁票，又给老叶打了招呼。可是，到了临行前，亲属家里又出现了一个突发的事情，让我不得不取消了行程。转眼又到了2018年3月，我从澳大利亚旅游一段后，自己只身回到了北京，计划在国内多住些日子，并且驾车到各处走走。这时我忽然又想起了老叶，对他诚恳的邀请应该兑赴了，那就先去上虞吧。我照例又给老叶打了招呼，经过几天准备后的一天早晨，自己驾车上了京沪高速，朝着上虞方向开去。可是，不知怎的身体又突然出现了不适状况。当我开到济南附近时血压不断升高，赶紧停在服务区休息了好一阵子，才又勉强开到了济南。在济南朋友处休息了几天，血压虽有下降，但身体状况还是不佳，很难继续前行了。朋友劝我别往前开了，家里人知道后也力劝我返回北京。最后由朋友亲自陪同并找了个健壮的司机，帮我把车开回了北京。至此，这次上虞之行又告吹了。

看来赴上虞这条路还真的"不好走"。老叶之邀不知是否还有机会实现，我还是希望有一天能到上虞，向老叶讲述一下我那天的故事，参观那里的慈善扶贫工程，也再看看绍兴市的慈善工作之友及他们的慈善模式。（2018年9月于堪培拉）

附录 2. 公益人物通讯

永远敲不开的房门
——记首届中国十大民间环保杰出人物贾晓淳

贾晓淳，一个温馨的名字，却让评委们的心酸痛了。金秋十月，首届中国十大民间环保杰出人物评选揭晓，贾晓淳名列榜首。然而，在颁奖仪式上人们没有见到她。

一、归真园噩耗

公元 2005 年 6 月 20 日早晨，北京顺义某村"归真园"的工作人员发现，一贯早起的园主贾晓淳，今天一点动静也没有。早餐的时间过了，上班的时间也过了，她的房间里面还是静悄悄。人们感到一丝不安。

时间一分一秒地逝去，太阳已从东边转到了南边，摆好的饭菜早已凉了，主人为什么还不起来？炊事员急了，马上往她的寝室拨打电话，电话无应答。又去敲打她的房门，门紧锁着，敲了几下还是没反应，再敲几下依然如此。难道她不在屋里吗？他叫上了几个人开始去外面寻找，牛棚、猪圈、鸡舍、山边，一一去过了，不见踪影。打听园内的人谁都说没见到，真的奇怪了。人们返回了她的住所，门还是关着。又敲打了一阵子还是没反应。难道出事了吗？不能再等了，还是马上打开房门吧！一个职工这样喊着，并找到工具将门弄开。眼前的情景让人们惊呆了……归真园主人贾晓淳"走了"。她面部朝下趴在了地上，一只手伸向床边的桌子，那里有一瓶药……

一个让人们敬仰的不凡女性，一个为民间环保事业作出贡献的杰出人物，就这样离开了这个世界。医生检查确诊，她由于急性心肌梗死停止了呼吸。

　　人们按照贾晓淳生前的遗愿,将她的骨灰葬在了归真园中心的一块高地上,在那里她可以看到全园的每一个角落。她希望自己的灵魂与这片土地共存。在贾晓淳的墓地上没有高高的墓碑,只有一本用白色大理石制成的覆在骨灰盒图案上的书,书上刻写着祭文。事实上,她已经为自己建造了一座高大的丰碑,那就是这片披上绿装的荒山和这座生态园。还有一座刻在人们心中的永不磨灭的纪念碑。

　　10 月 26 日,在人民大会堂的颁奖仪式上,由贾晓淳的亲密朋友为她领回了首届中国十大民间环保杰出人物的奖牌、证书。参加颁奖仪式的模范人物、入会代表均被她的事绩感动了,许多人要去归真园观览,到贾晓淳墓前凭吊。

二、龙湾屯创业

　　贾晓淳,1956 年生于北京,毕业于西北工业大学,1985 年下海经商。她是一个被医学界称为不治之症的类风湿病患者,在生活自理都极为困难的情况下,于 1989 年毅然离开舒适的都市生活,坐着轮椅来到距北京市区 70 公里的顺义贫困山区龙湾屯镇,租下 300 亩荒山绿化开发。历时七年的艰苦奋斗,将荒山一点一点地披上了绿装,并创办了颓态环境中的生态庄园——归真园。她将自己经商挣到的 400 余万元资金和大量的心血全部投在了绿色环保事业中。贾晓淳绿化荒山的执着精神,也感动了她的老父亲,一位抗战时参加革命的老干部,将自己多年的积蓄给了她,支持她的事业。

　　为了开发龙湾屯这片秃岭,贾晓淳拖着病体,起早贪黑吃尽了苦头。在拓荒之初,她每天手里拿着面包和矿泉水,从早到晚坐在树底下指挥生产。晚上还要学习和研究荒山绿化知识、庄园发展规划,有时彻夜不眠。

　　为了绿化荒山,实现她的环保之梦,她不但耗尽自己的全部积蓄,还花光了向亲友们借来的 100 多万元资金,最后经济上极端困难,连检查身体的钱都拿不出来,38 元的买菜钱都要打借条。就在逝世的前一天,她还从她大嫂那里借了 1000 元钱买药吃。

多年来，贾晓淳没向国家要一分钱，没享受任何优惠政策，封山育林、绿化植树10余万株。荒山秃岭因之变颜，辖内三沟四梁八面坡植被恢复，一些地方已然郁郁，飞鸟投林。野生中华环颈雉原来几乎绝迹，现已增加到200余只。喜鹊、苍鹰、猫头鹰等野生鸟类也增加到十多种，沉寂的荒山焕发出了勃勃生机。

贾晓淳改造荒山事业不仅恢复了当地的自然环境，还创造了"荒山资源化"的生态经济模式，为当地经济发展找到了一条出路。她吸纳了二十多名农民参加到绿化事业中来，使他们有了稳定的收入，解决了他们的温饱问题，为贫困地区注入了经济活力。贾晓淳生前计划用自己取得的成功经验，与当地政府协商扩大绿化荒山面积，筹建一个以生态建设为内容的环境教育基地，吸纳更多的农民参与到生态建设中来。贾晓淳最终的目标是通过自己的可行性实践，引导贫困山区农民进行资源化开发，实现环境与经济效益双赢。

贾晓淳的事迹受到了社会各界的关注和好评。全国人大原环资委主任委员、中国环保之父曲格平同志多次到归真园考察，并给予了高度评价。归真园也被中华环保基金会列为"生态环保教育中心"。2002年她还荣获了"福特汽车环保奖"。中央各有关媒体也曾先后报道和反映了她的动人事迹。

三、崇高浪漫的女性

伟大与脱俗有着同等的意义。当我们对贾晓淳的资料进行研究和抽象后，会得出这样的结论，她是一个不同凡俗的女性，因此，造就了她的光彩人生。

贾晓淳是怀着对人类的关怀和爱戴来从事她的事业的。她在向大自然付出的时候，丝毫没有想到个人回报。因为她本人身患绝症，既无丈夫又无子女，终生未婚。不存在对财富追求的个人目的。在她选择绿化事业的时候，曾有人向她推荐那些郁郁葱葱的山川，潺潺流水的碧野开发旅游，都被她一一谢绝了，最后选择了龙湾屯这片秃岭。

贾晓淳，在她崇高的思想和行为中还包含着浪漫情怀。她把自己艰苦而痛楚的事业,当成实现自己那种如诗如画般的人生理想过程。在她生前向采访她的记者描述自己一天的生活过程时,这样说道:"我在雄鸡唱早时起床、沐浴、出门,坐在半山屋前的廊下,新茶一杯,看那如画的田园在阳光下将昨夜蒸腾得如雾如纱后的新颜。爬上东山顶的太阳看着我的早餐……;常伴我的还有那只小鸟,从未见过它的'她'找来。田野的尽头是树木屏障,那后面就是我生活太久的城市。八点半我走进办公室,打造我身处正在发生变化的荒山。午餐、午休、下午二点半开始读书、工作。落日余晖、山风徐起,正是骑马的时候。因有病,只能坐在池塘边,爱犬小翠相伴。"贾晓淳还说,阴天下雨时我会把自己没入浴桶,看着窗外变幻的天空、滴落的雨点或雪花。贾晓淳的一天生活,紧张浪漫得就像一首美丽的诗。

在贾晓淳的日常生活中也会经常有朋友前来造访。对此,她这样说:"朋友相聚,良宵美景,一份都市里久违的山野倾谈,使我心智活跃,浮想多多。即使是一个黑沉沉的夜,那愈感深远的山坳里马房柔和的灯光,也足以温暖你的心。"贾晓淳真是富有极高的文学风采呀!

女性的博爱是其优秀品质的部分。贾晓淳有着与人不同的情感世界。她下海经商时为了避嫌,十五年未见当时掌握一定物资分配权的父亲。后来在荒山上重逢了,她心痛地说了句:"父亲您老了。"她虽然年近50仍然单身,可她却关心许多未婚大龄青年,总是张罗着帮助他们找对象。不少独身女士经常上山同贾姐倾吐心声,她也成了单身妇女们的"知心姐姐"。她说:"女性最优秀的内在品质是博爱和关怀。之所以被称为性别独具的优秀品质,那就不仅仅体现在关爱家人的这样狭义范畴,而是表现她所及之的一切。"

故人虽离去,青山依旧在。今日的归页园仍然沿着贾晓淳女士确定的方向发展。现在,贾晓淳的一位至亲在这里承担她未了的夙愿。他对记者说,他将继续这里的事业,要把归真园推上第二个环保阶梯,实现生态循环、经济循环。开发沼气、太阳能、秸秆利用、风能利用等。目前,沼气池已经建成,渔塘正在紧张建设中。(作于2005年10月 同时在《今日信息报》上刊发)

附录3. 自传体散文

我从自强走来

在中国东北边疆黑龙江省依安县,有个村子的名字叫自强。我于1953年12月在那里出生,并在那里长大,由学生到社员再到大队干部,官至大队革委会副主任。1976年秋,我又从那里被选送到黑龙江大学政治经济学专业学习。至此,别乡进城,读书求变,时年二十三岁。

自强村地处松嫩平原,属草原性地貌,毗邻大庆油田,与内蒙古自治区相望。早年这里是一块亘古未垦的处女地,二十世纪五十年代初期,国家向北大荒移民时,在此建立新村,并从山东迁来了一批农民,予以安置,垦荒种田,由此择名自强村(时称大队)。后来,由于山东人思念家乡故土,大部分返回了关内老家,政府不得不将附近的"土著"吸纳补充到新村里。我家父辈就这样进入了自强村。

小时候我对自强这个名字没有什么好感。从高中毕业回村当社员,再到大队当领导,直到进城上大学也未能感到自强作为村名的深刻意义。20世纪80年代中期开始,在我经过漫长的创业过程中,尤其是成功与失败的实践,让我突然感到"自强"的内涵是多么的重要啊!从而也深深地感到自强村是一个多么好的名字啊。

从某种意义上讲,自强应当是一切生命存在与发展的内因条件。无论一个国家、企业、社会组织、自然生命体,只有自强才能不息。新中国早在成立初期,就确定了"自力更生,奋发图强"的工作方针。我们应该说,没有自强的精神,没有自强的能力,任何一个社会组织和个人的事业以及自然生命都是难以生存和发展的。

我想，当初上级政府为该村起了"自强"这样一个名字，其目的和意义一定是为了这个新村能够自力更生、奋发图强地发展壮大。但遗憾的是，这个自强村的名字，也仅仅是个名字，它对这个村子的发展没有起到任何作用。在改革开放前的集体经济道路时，该村的综合实力在全乡十二个村子里总是倒数二三名。如今改革开放，发展市场经济，它仍然十分落后，人们只是解决了温饱，多数人仍然住在低矮的土坯房子里。每当我回乡看到这些情景时，心里很是难过。我多么希望自强村能够尽快富裕起来啊。

然而，自强这个词的作用在我个人的成长过程中，却真的得到了充分地应用和发挥。这也许是命运的安排，或许是无意中的巧合。实际上是客观情况逼迫自己不得不这样做，没有什么选择的权利。俗话说命苦。今天回忆起在自强村生活的历程也是酸酸的。当年由于父亲患有肺气肿疾病干不了重活，只能给队里放羊。从13岁起，家里的烧柴和担水都落在了我的身上。父亲还经常剥夺我学校放假闲玩的时间，每到节假日就要替他放羊，他去打理家里的自留地菜园子。自己16岁时就得利用学校放假的所有空隙时间到生产队同壮劳力一样参加劳动挣工分，以便从队里换回口粮。19岁时父亲去世，由我独自发送。21岁时因劳动表现突出，被公社书记发现，提拔到生产大队当会计，并升为革委会副主任，后被选送进了大学。这一连串的过程除了儿时是由父母养活的，其余的生存和发展都表现出自强二字。这也不能不让我感到，自强这个名字完全安到了自己的身上。

离开农村读完大学，毕业后工作、创业几十年历程，自强二字又一直紧跟不离。例如大学时，由于无生活来源难以继续学业，不得不突击学习，仅用一年半的时间就读完了大学的三年全部课程，争取到了提前毕业。在社科院仅仅吃了五年的"皇粮"，便放弃了国家事业体制，戴了一顶红帽子办公司，名为国营实为自营，完全靠自己打食挣饭吃。自强真是同自己较上了劲。

现在回想起来，这自强虽然给自己的生存和事业带来了诸多的压力，增加了无数的付出，但它同时也给自己增加了生命力。有人好奇地问我，这些年来你遇到过那么多风浪，为什么总是危而不息？其实这个答案就是自强。一个人能不能在社会上立得住，主要靠自己，只要自己能立得住，别人是打不倒的。所以，自强——是人生的一条根本法则。

自强已伴随我走过了人生的大半。尽管我为它付出了极大的代价，但我还是对它充满着感情和爱戴，我还将让它成为我今后生活和事业的忠诚"伴侣"，一刻不丢，死而后已。（此文作于2007年冬，于北京，并在《今日信息报》上刊发）

注：如今的自强村，已在合乡并村中，并入了他村，自强村的名字也没有了。高兴的是，在政府的帮助下，2010年村里扒掉了土坯房，村民们住进了统一建设的六层楼房。如今村庄已变成了社区。

后 记

《慈善论——理论慈善学研究》一书即将付梓,想到她将会进入人类慈善思想理论的宝库,我心中的"一块石头落了地"。我老了,她却依然美丽,想到此难免心潮激荡。同时,但愿这块"石头"能为慈善事业的理论建设添砖加瓦,作出贡献。

或许是因为自己对这部专著太过重视,或许是因为它的分量确实较重,又或许是因为高龄而不由得对自己身体的担忧,导致我在书稿的写作过程中,以及在定稿后几经修改的过程中,曾产生这样的忧虑:万一自己的身体出现了智力失能或其他意外,专著无法问世,该多么遗憾呀!那可怎么办呢?而现在,则无忧无憾也。

读者是上帝。一篇文章、一本书好不好,读者的感受与评价是唯一的标准。《慈善论——理论慈善学研究》马上就要与广大读者见面,接受上帝们的检阅了。有价值的理论或文学作品等,定会引起社会的积极反馈;毫无意义的东西定会石沉大海,鸦雀无声,这是定律。作为本书的著者,我当然希望得到大家对它的认同与好评;同时,我也做好了迎接对它的批评与质疑的思想准备。它,也许会变成毫无意义的废纸,被读者丢进垃圾箱;也许会发挥出它应有的作用,对大家有所帮助……我真的猜不到它即将面临一种怎样的命运。

理论是最有价值的产品,图书的价值在于内容。一本书能不能赢得读者青睐,既不在于篇幅的长短、装帧奢华与否,也不在于重要人物的捧场和自我张扬,而是取决于它的内容。所以,本书既没有请大人物作序,也没有请高级领导写评，在装帧上也力求简洁朴素，我相信，读者定会从字里行间感受到这本书的能量。

  本书在写作与出版过程中得到了《传媒》杂志社主编杨驰原先生、中国书籍出版社编辑部主任庞元女士等的支持和帮助；得到了我的一些老同事和基层慈善工作者们的鼓励和支持；也得到了我的亲属们的支持和帮助。在此，臣借本书后记对以上所列一并表示感谢。

李文臣

2019 年 11 月于澳大利亚堪培拉寒舍